芝麻開門好上山
尋羊奇遇當逢仙
揚鞭躍馬淘金去
拔勁馴龍下九淵

孟津

牛角包一样的会计

驯龙记
风险管理和内部控制

马津 ◎ 著

北京联合出版公司
Beijing United Publishing Co.,Ltd.

图书在版编目（CIP）数据

牛角包一样的会计.风险管理和内部控制/马津著.—北京：北京联合出版公司，2021.5
ISBN 978-7-5596-4974-4

Ⅰ.①牛… Ⅱ.①马… Ⅲ.①企业会计—基本知识②企业内部管理—风险管理 Ⅳ.① F275.2

中国版本图书馆 CIP 数据核字（2021）第 023547 号

牛角包一样的会计：风险管理和内部控制

作　　者：马　津
出 品 人：赵红仕
选题策划：北京时代光华图书有限公司
责任编辑：高霁月
特约编辑：刘冬爽
封面设计：新艺书文化

北京联合出版公司出版
（北京市西城区德外大街83号楼9层　　100088）
北京时代光华图书有限公司发行
北京晨旭印刷厂印刷　　新华书店经销
字数107千字　　880毫米×1230毫米　　1/32　　7.25印张
2021年5月第1版　　2021年5月第1次印刷
ISBN　978-7-5596-4974-4
定价：49.80元

版权所有，侵权必究
未经许可，不得以任何方式复制或抄袭本书部分或全部内容
本书若有质量问题，请与本社图书销售中心联系调换。电话：010-82894445

recommend

    2003年8月,马津离开德勤(Deloitte)时赠我曾国藩《冰鉴》一书。多年来我每每遇到困惑之时,随即翻之,虽先历而后读,却使我在对事情的判断和冷静思考及对人对事等颇受启迪,也时时体会他当时送我这本书的原因。

    时隔十六载,再次见他,虽已不是翩翩少年,但驰骋商界,闻名遐迩,身材健硕,满面佛光,眉宇俊秀,言谈之中,过去种种热血愤青、怒目拔刀之勇均被淡淡一笑取代。

    秉直公正,为人谦和,专业精湛,洞察一切,厚积薄发,将会使马津的未来职场及生意之路越

I

来越宽广。

苏国元

德勤中国京津冀协调发展主管合伙人

  在这个全球注水（或大水漫灌，或细水长流）、水多面少的时代，只要你还有点闲钱，投资就应该像空气和水一样成为我们生活之必需，以保证我们辛苦挣的钱不被贬值所吞噬，为此每一个人都有必要学习点投资知识，了解一些投资道法。相对于书市林林总总晦涩难懂的投资书籍，这本书是一本适合每一个想学习一些投资知识的人阅读的书。

  投资是一门很专业的活儿。专业的事用专业术语讲给专业的人士听并不难，但若要用轻松灵动、通俗明了的语言，把拗口晦涩的专业知识准确完整地表达出来，让每一个外行人都能愉快阅读并深谙其要义，却是一件很有挑战的事，但这本书做到了。因为该书的作者不仅有丰富的、融会贯通的专业知识底蕴，还有深厚的文学功底和给人带来快乐的智慧。

向炎珍

北京协和医院总会计师

  2020，一言难尽！

  羊本来想安于现状，好好过自己的日子，但是量化宽松和越来越多黑天鹅的暴击让所有的羊不知所措。所以羊们也希望自己拥有超能力,能够在现实中魔幻羊生,在魔幻里实现自己的羊生之梦。这不是羊的问题!

科学在那里,骗子也在那里。别迷信专家,要学习真知。能把复杂的道理说明白,能坚持说真话的才是好老师。本书作者将自己丰富的投资经验娓娓道来,把风险投资的基本环节和流程抽丝剥茧地完整展示出来。润物于无声,根植于毫末。了解了这些原理并在实践中坚持,也许不能让羊爬上最高的山峰,但至少可以避开太多的风险。

202×,逆流而上!

邵楠

英国特许公认会计师协会(ACCA)华北区事务总监

preface

  作为又一个庚子年的 2020 年注定不平凡，除了举国上下共战天灾外，还有不少新闻刷新了我们的认知，比如连巴菲特老爷子都没有见过的美国股市的四次熔断，比如时隔十年的中概股再次接连被美国做空机构狙击。

  十年的时间说长不算长，可能很多朋友都会平静地说，十年很快，只是一眨眼的工夫。但这其实是人生之于众生开的大玩笑，请你再想想，十年前你正在做什么？五年前呢？三年前呢？如何？十年还是很快的刹那芳华吗？是不是感受到了时间之刃的冷气森森？

这套书差不多开始于十年前，彼时小熊刚创业不久，流年不利，命运多舛，接连遇上了2009年的全球经济危机和2011年的中概股群体做空事件，生意惨淡，心情郁郁之余，利用专业帮老娘开了个面包店，同时完成了第一本书的创作，收获了第一批读者。十年后，当小熊写完本系列书的第五册《财务专家的投资手记》时，瑞幸咖啡的股价已经跌去了83%，只留下硝烟后的一地鸡毛。

瑞幸咖啡的事情还未平息，做空机构又接连瞄准了爱奇艺、好未来和跟谁学。好未来这家公司小熊比较熟悉，此前是教育市场的宠儿，一路长虹的明星企业，结果做空报告一出，股价马上反应激烈。除去做空机构出于追逐利益的煞费苦心，好像亦有不少引人深思之处。

《牛角包一样的会计》系列的写作缘起，在于给小熊的潜在客户群——广大的民营企业家提供一本快速入门、搭建起初级财务观的扫盲读物。如果能够引起他们的兴趣，可以对财务多一点了解和尊重，则更是意外的功德。小熊曾接触过的很多民营企业家，一方面雄才大略，意气风发；另一方面却不知道有所为有所不为，君子不立于危墙之下的朴素道理。产生这种现象的原因之一就是，他们对于财务缺少敬畏，并且缺少端正的对待财务的态度，认为财务可以欺之以方。

这套书从第一册的写作到第五册的出版跨越了大约十二

年的光阴,在这十二年间,小熊亲身经历了很多企业的起高楼宴宾客和楼塌了,感慨之余,对财务表现出来的 inner power(内力)也更加敬畏。小熊在这套书中不止一次布道说,财务是最有智慧的合作者,你了解它、善待它,真诚地面对它,它也会以其所有回报你。但如果你轻视它、欺骗它、扭曲它,它也会平静接受,但一定会找机会让你付出惨重代价。

很多企业家信心满满地认为资本市场是他们展现风采的舞台,这绝对是个误会,资本市场更像一个血腥残酷的角斗场,资企双方均为角斗士,而正确的财务观和一定的财务知识,则是企业家手中的盾和剑。如果不知学习、无所敬畏,那它也可以变成对方手中的利器。

是为序。

preface

　　《牛角包一样的会计》系列自 2015 年在北京联合出版公司安家，已然五载，其间风雨多艰，承蒙光海兄及我的编辑正侠兄厚爱，一向温暖鼓励，鼎力支持，在此一并稽首。

　　这套书第二版出版时（2015年），我邀请了九位同辈及同行的朋友助拳为我写序，他们都属于财务行业的中流砥柱，平日戎马关山、黄沙百战，但仍慨然应邀，为我这套浅薄的小书增色颇多，在此也一并感谢一下。

　　第三版为我写序的三位前辈，均为财务行业德高望重的领军人物，与我颇有渊源，他们平日大事如山，一日万几，但也都慷慨捧场，情深义厚，令人感动。

　　苏先生是我职业生涯中第一位领导和恩师，早年纵横四海，勋业彪炳，又妙在是性情中人，既能红尘快马，亦可沧海观涛，乃是第一流的豪杰人物。如今几近得道，佛心如水，平时即多诲我，此次应我所请，还几番手易草稿，实在令我感愧莫名。

　　向总会与我相识偶然，由于对文学的共同爱好一见如故，其已为年高德劭的前辈，却仍温润谦冲，每每与我分享读书后的感悟。于我观之，其文字清丽净洁，思考隽永深邃尚在其次，更为难得的是在此焦虑浮躁的年代仍沉心静气，坚守文学。实为人生之大境界。

　　邵首代与我有着近20年友情，是互相见证成长的老朋友。我近两年与协会多有互动，参加了不少协会的活动，对邵首代不动声色、举重若轻的领导风范颇为佩服，此为优秀leader（领导）之必备品质。此次爽快助拳，文字又流畅秀美，温婉平和，颇令我有意外之喜。

　　此正是，湖海多风浪，应谢护佑情。

　　是为序二。

contents

PART 1 / 体检报告的秘密

佳物自言 >003

To be or not to be >009

名不正，言不顺 >013

内控与财务报表的关系 >017

PART 2 / COSO魔方的威力

风险的三板斧 >033

控制环境——管理层凌驾是个梗 >040

一手软，一手硬，两手都要横 >051

风险评估——君子不立于危墙之下　>058

控制——以中为道　>066

信息与沟通——一名出色审计师的必杀技　>079

监督——古而有之　>082

总结一下，COSO 扮演什么角色　>084

PART 3 / 名满天下，谤亦随之——《萨班斯法案》

万事皆有因果——安然及世通　>089

《萨班斯法案》的出台　>095

天下谁人不识君——404 条款　>100

不分伯仲——302 条款和 906 条款　>122

PART 4 / 九转艰难下北城——如何完成一次完整的萨班斯合规项目

谋定而后动——Scoping　>133

财务报表的认定与相亲　>152

像了解爱人一样去了解流程　>160

曲终人不散，江上数峰青　>211

PART 1

体检报告的秘密

PART / 体检报告的秘密

/ 佳物自言 /

熊妈妈最近格外忙,不过心情不错。这样的状态让熊妈妈很欣慰,就在短短的几年前,她也同样很忙,但心情常常很不好。俗话说,幸福是比较出来的,以今比昔,熊妈妈感慨良多。

熊妈妈办公室的墙上挂着一张巨大的中国地图。这些年来,酥园每开一家新的门店,熊妈妈就认真地在地图上插一面红旗,虽然不是真正在指挥千军万马冲锋陷阵,但是那种攻城略地、战无不克的成就感却是一模一样。

  经过近十年的发展，酥园今非昔比，已经在中国北方的几个主要省份占据了绝对的市场份额。每个大区级市场均配套一个现代化的中央烘焙基地，负责当地酥园的统一生产与配送，保障品质的高度统一和供

应的高效率。定位于高层次客户群体的子品牌酥庭，则做到了每家门店均设有独立的烘焙房，确保每个面包都是现场烤制的。

有时小熊在路边匆匆穿行，时不时地会有公交车擦身而过，上面印着酥园鲜明醒目的广告。酥园的吉祥物是一只小熊，穿着厨师服摆出各种造型，旁边的广告语是小熊想出来的"佳物自言，酥园常伴"。"佳物自言"是小熊创造出来的词，来源于西方人的谚语"great thing talks itself"。小熊得意地跟妈妈说他的翻译做到了"信、达、雅"三个字，传情达意，妙不可言。熊妈妈对此表示同意，但还是有点疑惑地问："甭管中文英文，这句话是啥意思？"

小熊被妈妈的话噎了一下，一时不知道该怎么解释了。

"妈，您看平时的学习多么重要！中文的妙处就在于心领神会，一解释，意境都没了。您说'波上寒烟翠'，我怎么给您用大白话翻译出来？您要是有一定的文化水平，听了自然心神俱醉，乐而忘忧。"

熊妈妈掏出小手绢，擦擦鼻尖上那一层细细的汗珠，说道："那买咱们面包的顾客什么文化水平的都有，我也不能要求他们都了解中国传统文化，都能看懂我儿子的广告词才有资格买，是吧？反正你不解释，我就不是很懂，我也能代表一部分消费者吧？我觉得广告词就得简单顺口，你弄个诗词歌赋，记都记不住。"

"我同意您的观点，但是广告词有点文化会更令人难忘。您说'钻石恒久远，一颗永流传'也不算太下里巴人吧，但是您听着就不觉得这个东西俗？"

"那人家的广告词我起码听得懂啊……再说了，我可不觉得那个东西俗。"

"我也不觉得它俗，我就是打个比方。我给您解释一下，这句广告词体现了您做酥园的价值观。佳物，就是好东西；自言，自己代言，无须别人吹捧。总的来说，如果东西好，往那一放，自然就具备了了不起的气势，因为您投入了时间和心思，这难道不是您这么多年做酥园的初心吗？"

这句话打动了熊妈妈，她愣了一会儿后说："哈，这么一说，还真是这么个意思。行，咱们就用它了，佳物自言！你刚才说的的确在理。之前有个叫《鉴宝》的节目，你看过没？好多人捧着从路边收来的'宝贝'

PART 1 体检报告的秘密

拿给专家看,有些东西往那儿一放就浑身冒贼光,甭说专家,连我这老太太都糊弄不过去。"

"知道知道……我还知道按照您嫉恶如仇的性格,要是在现场,一定会举着个榔头冲上去将它砸碎。"

"嗨,我看那帮人好多也是被骗的。这样吧,也别说妈不给你面子,你来酥园当CFO(首席财务官),咱们就用你这句广告词了。"

"妈,你不是有人文情怀的企业家吗?怎么能如此理直气壮地耍赖呢?"

PART / 体检报告的秘密

To be or not to be

小熊终于成了酥园的 CFO 兼高级副总裁，主管酥园的融资、并购，以及上市等与资本相关的管理工作。

小熊最终回心转意答应回来帮妈妈，不是因为广告语的那个玩笑，而是他最近一年心生退意，也一直在思考自己的职业发展方向。

小熊毕业后基本没有离开过事务所，虽然前几年是给别人打工，后来是自己闯江湖，但是转来转去，基本都是合同上的乙方。这个行业对于小熊的吸引力在于需要经常接触不同的企业，作为咨询顾问，要在最短的时间内切入企业，了解企业的需求，贡献自己的经验，对咨询顾问的单兵作战能力和整体素质要求很高，很具有挑战性，也是一个容易产生成就感的行业。除此之外，年轻的时候经常出出差，偶尔闲暇还能寄情于山水，交友于江湖，使他觉得这是一份性价比和幸福感比较高的工作。

但这几年见的企业多了，他也生出一些不同的想法。深具情怀的企业少，从流随俗的企业多，企业家更是百花齐放、争奇斗艳，令人大开眼界。有抱负、有情怀、有本事、有战略的企业家简直算得上是"珍稀动物"。小熊接触过很多企业家，就境界而言，大多是高级个体户，服务于这样的客户，小熊总会生出一股"为五斗米折腰"的悲凉感。

有一次，小熊作为财务顾问协助一家民营企业到美国上市，老板去纳斯达克敲钟，小熊作为团队的核心成员也一起去了美国。在纽约的五粮液酒家喝了庆功酒，一群人脚步跄跄地回到了酒店。老板得意之余多喝了几杯，酒意上涌又忘带了门卡，情急之下竟抓

PART / 体检报告的秘密

起走廊里装饰用的花瓶嘴对嘴儿豪吐了一番,吐完后竟还为自己的机智得意扬扬。小熊大开眼界之余不由得又羞又愧,好像刚才吐了一花瓶的"壮士"是自己一般。

接连几桩这样的事情发生后,小熊不由得重新审视了一番自己从事了十几年的咨询行业。他忽然觉得,如果有这么一个机会,他可以参与到一家企业的成长中,把自己多年的经验和智慧挪移到这家企业的运营里,怎么也应该比他服务的很多企业好。小熊熟读历史,知道这样的想法是很危险的。明朝有个武宗皇帝,好好的皇帝不当,脱下龙袍自封为"总督军务威武大将军总兵官",亲自披挂上阵。(《明史·武宗本纪》说他"耽乐嬉游,昵近群小,至自署官号"。)结果大家都知道了,此人死得很难看,一点天子的样子都没有。当然,明朝的皇帝中,死得好看的也没几位。小熊是professional(专业人士)出身,干了十几年的咨询,在行业内也有了小小的名气,年岁越来越大,开始爱惜羽毛了。不想下海不成,反被相熟的朋友笑话"冠履之分荡然矣",所以虽有这样的想法,但大多都是一闪而过,从来没有认真考虑过此事。

熊妈妈时不时地对儿子晓之以理，动之以情，加上小熊的心思本来就活泛了，一来二去游说终于成功了。小熊把自己的咨询公司关掉，带着自己的团队，整体加入了酥园。当小熊告诉妈妈自己的决定时，熊妈妈高兴极了，觉得自己做了一件非常了不起的事情。

PART / 体检报告的秘密

/ 名不正,言不顺 /

酥园上市的想法被提上了日程,一切工作便按部就班地展开。帮助中国民营企业到境外资本市场上市本来就是小熊熟极而流的工作,所以安排起来还算得心应手。账务的初期整理和准则转换做完了,海外架构搭建完了,境内境外律师请好了,审计师确定可以入场了,承销商也谈过了。不过上市公司起个什么名儿,娘俩儿商量了半天。

"咱们上市公司得有个响亮的名号,您看 Suyuan Bakery Group 这个怎么样?听上去挺有范儿的,咱们股票缩写就叫 SBG……哎,稍等,这个缩写不行……"

熊妈妈还沉浸在一头雾水中,疑惑道:"SBG 咋了?没听出什么不好的啊!"

"别别……妈,挺好的一个公司,叫这个名字太寒碜。人家投资人买咱们的股票,得说咱们买点那个 SB 公司的,多难听。要不叫 SYG?哎,也不行,这个更不好意思了,我一念脸都红了。要不咱们别用酥园了,用酥庭吧,咱们叫 Suting Bakery Group,简称 STG。老天,这个更完蛋,刚上市就 ST(ST:即 Specital treatment,指被进行退市风险警示的股票)……"

熊妈妈好像听明白了,一边笑一边拍了小熊一把说道:"你这龌龊的思想流淌得挺自然啊!你这个举动有点像当年你上小学的时候,你们班被你瞎起外号的同学不在少数吧?"

"所以嘛,给孩子起名字一定得小心翼翼,不能太漫不经心了,不然很容易让孩子的童年蒙上尴尬的阴影。这真不是我损,就我们班那个总来咱家的,姓杨也就罢了,非得单名一个响当当的玮字,您说这做

PART / 体检报告的秘密

家长的居心何在啊?"

"行了行了,你看你一说这个怎么这么兴高采烈的啊?快点给咱们换个名字,换不好你晚上别吃饭。"

最终,公司海外上市的主体名称定为:Grand Light Bakery Group,上市代码拟定为:GLBG,中文名字是大明含光烘焙集团有限公司。

"大明含光"是小熊很喜欢的一个词,"大明"是盛大的绽放,"含光"是含蓄的收敛,这也应该是涵养了几千年传统文化的中国人应该具备的状态吧!外表是王,是盛放和向上;内心是圣,是收敛和平衡。

PART / 体检报告的秘密

内控与财务报表的关系

小熊来找妈妈的时候,妈妈正坐在办公室里看这个月的报表,边看嘴里还边叨叨些什么。小熊轻轻咳嗽了一声,妈妈的目光才透过老花镜抬向小熊,说道:"熊总来啦,快坐快坐,我正好有事跟你商量。"

小熊顺势在沙发上坐下,调整了一个舒服的姿势说:"董事长有何吩咐?"

熊妈妈端起桌子上的茶杯,打开杯盖,抿了一口茶。茶还很烫,熊妈妈的眉头皱了一下,又慢慢舒展开,看来茶泡得刚好。

牛角包一样的会计：风险管理和内部控制

"我想跟你商量商量下一步的工作。你看现在上市工作按部就班地进行，你挂帅，我放心。上市的事我不是很懂，你看从运营方面我还能做点什么工作？"

"董事长圣明！在这个问题上，我的态度是这样的：第一，上市是瓜熟蒂落、水到渠成的事，生意做好了，上市是很自然的事情；第二，上市不能影响正常运营，它对运营应该有个正向的促进作用。所以，接着您刚才的话，咱们运营该怎么进行就怎么进行，我这边是从上市的角度提需求，力争不严重影响咱们的运营。如果需要您配合，我也不会客气，比如现在我觉得咱们得开始着手内控工作了。"

"内控啊，咱们有，咱们有制度，ISO 9000 和 ISO 14000，这方面你妈我还是很重视的。"

小熊轻轻笑了笑，举起双手看了看指甲。

"我怎么感觉你的轻蔑之情溢于言表啊，我是又说傻话了吗？"

小熊回头看了看门，确认关上了，这才开口："妈，您说的不能叫错，不过有一点似是而非。ISO是另外一套标准体系，它并不为企业的财务报表服务。制度的确是内控的体现之一，但它也不能代表内控。我刚才谈的内控是一套公司治理体系，通过这套体系做功，企业家可以对自己的财务信息更加有信心，此外还能降低企业的运营风险，防范管理层舞弊，使企业运营更加有效率。内控是个很大的话题，我几年前在外讲课的时候，想把内控讲清楚怎么也得有个两天的课程。您现在太忙，哪有这个时间啊！您还当自己是当年那个开面包店的小老太太啊？"

"嗨，别的事没时间，学习的时间必须有，你不是也好久没给我讲课了吗？再给咱讲讲内控，讲好了这个月多给你发五十块钱奖金。"

"妈，您这个奖励条件就是放在民国也算不上优厚啊！"

"少贫，现在你都是董事会的成员了，不要这么市侩，总是谈钱啊钱的，层次一下子就下去了三十几档。"

"对对，您给我五十块钱讲课费层次高，我要是不接受层次就下去了。不过现在咱俩都忙，我拿出一两天完整的时间也不现实，咱们每天讲一点儿，争取一个星期讲清楚。在我，向董事长传道解惑是本分，您对内控有个清晰的认识，对企业全面推动内控工作有积极的作用；在您，这也算是一个还不错的学习机会。之前我做咨询的时候，见过很多民营企业的老板，生意做得很好，但是学习精神不够，缺乏持续发展的原动力，只能说在某个时间段生意做得还不错。一旦大环境不好，关键管理人员离职，或者资源平台发生变化，生意就一泻千里、溃不成军。

"今天我也别白来，咱们先讲五块钱的。您先了解一下什么是内控，以及内控和财务报表是个什么关系。"

"哎呀，熊老师雷厉风行啊，我这还没做好思想准备呢。"熊妈妈开始翻抽屉，找出一个笔记本。

"嗨，您不用做什么思想准备，反正您啥也不知道。"

"你之前在外讲课也这么赤裸裸地嘲笑你的学生吗？"

"讲内控之前，先介绍个机构，这个机构会在后面的课程里反复出现，全名特别长，考虑到您的英文水平，您记住叫COSO（The Committee of Sponsoring Organizations of the Treadway Commission）就行。这个委员会是1985年由美国注册会计师协会、美国会

PART / 体检报告的秘密

计协会、财务经理人协会、内部审计师协会、管理会计师协会联合创建的反虚假财务报告委员会下面的一个子委员会。反虚假财务报告委员会就是从各个方面来约束企业，避免企业出现财务信息虚假的情况。COSO虽不是官方组织，但由于参与方都是赫赫有名的专业机构，所以具有很高的专业权威性。

"1992年，COSO通过几年的调研，发布了第一个内控框架，我们一般称它为老框架。在这个框架里，COSO第一次通过官方定义了什么叫作内部控制。COSO在2013年对该框架又修订了一版，基本内容变化不大，在说法上做了一些调整。咱们就本着清晰简洁的目的结合着两个版本说，有差异的地方以2013版为准哈。

"Internal control is a process, effected by an entity's board of directors, management and other personnel, designed to provide reasonable assurance regarding the achievement of objectives relating to operations,reporting and compliance. (COSO 2013)"

熊妈妈说："完了，我还没醒过味儿来呢，你都念完了……你这么讲课可有点难为老太太了。"

牛角包一样的会计：风险管理和内部控制

"妈您别担心，我先把定义念出来，之所以不说中文的，是因为我觉得即使把中文翻译说出来也不怎么好懂。我来跟您解释一下，内部控制首先是个过程，它不是静止的状态，而是在实时变化的。之前我们做内控项目，很多企业老板都觉得我们做完了也就做完了，报告写得再精彩，我们撤场后便束之高阁，这个项目的价值便直接归零。其实，内部控制讲的不是一件事，而是很多件事在一起，要达成很多目标的一个过程。

"既然要完成这么一个过程，那么就需要相关人员的参与，这里面主要包括三方面人员，董事会、管理层、员工。这是内控工作应该由谁来完成的定义。"

"员工和管理层我能理解。咱们酥园平时召开董事会的时候也不多，你知道，我最讨厌开会了。这个董事会怎么推动内控工作啊？"

"您这个问题问得挺好，但是一会儿我再回答这个问题。您先记着，内部控制其实是'一把手'工程，上有好焉，下才必有效焉。大企业的董事会构成可能比较复杂，但在咱们这样的中型规模的民营企业里，

PART / 体检报告的秘密

您在董事会里的重要性我就不用强调了吧！开会的时候您提个建议，听到过反对意见吗？"

"有啊，上次我提议我作为董事长就不拿工资了，马上就有人反对。"

"嘿，这哪是在反对，明明是在拍马屁。咱们接着说，现在咱们知道了三个阶层的同志们要一起完成一个过程的工作，那么他们的目标是什么呢？根据框架里的定义，内控的目标主要有三个：运营、报告、合规。咱们分别说说。首先说财务报告。既然COSO的主要宗旨之一是反虚假财务报告，那么内控之于财务的目标就是经过内控这个过程，使财务信息更加真实、准确、可靠，让你的投资人、股东对你公司的业绩有充分的信心。讲到此处，我想问问，您觉得内控和财务报表是什么关系？"

"哎呀，又来了又来了，没有问问题的环节你讲不下去吗？"

"一般我讲累了的时候就会抛出一个问题，让大家七嘴八舌地回答，我趁机歇会儿。"

"那你的如意算盘打错了，你面前只有一嘴一舌，而且我准备回答我不知道。"

牛角包一样的会计:风险管理和内部控制

小熊哈哈一笑,说道:"没事没事,我早猜到了。这么多年过去了,别看您生意越做越大,爱耍赖的学习作风倒是一点儿也没变。正好,我前几天刚做完体检,有一张肝肾脂全的验血报告,我以这张验血报告为例给您讲一下吧。"

"你什么时候去体检的?你现在这个岁数,可得多注意身体。你看你爸就满不在乎,我上次催他快点去,他还跟我推三阻四的。你的报告呢?快给我看看。"

"托您的福,结果还不错。您看,满篇一个上下箭头都没有。咱们扯远啦,继续刚才的话题。在十年前,我第一次给您讲会计的时候,我讲的是这张验血单的每一项都是什么意思,以及整张验血单的结构。举个例子,甘油三酯来自食物中脂肪的分解,是一个衡量体脂肪的指标;而葡萄糖则是一个衡量血糖水平的指标。后来咱们讲了财务报表的分析及财务舞弊的防范,还拿这张表来说,如果甘油三酯的指标高于 1.7mmol/L,则代表血脂高了;如果空腹血糖高于 5.6mmol/L,则代表糖耐量水平降低了,那么就需要继续监测饭后血糖。这张表的任何一个比率或数值都

PART / 体检报告的秘密

可以告诉我们身体的总体状况如何。

"再后来我们讲企业融资、并购、上市,好比你在入职前做了这样一个体检,现在你要拿着这张验血报告去面试了,这张表的质量好坏可能影响你求职是否成功。这次我们讲的内控,看上去可能和财务报表没什么直接关系,但其实意义更为重大。好比我拿给您看的这张验血报告,看上去结果不错,但是您知道我为这张薄薄的纸付出了多少努力吗?每天不管多忙都要快走5公里,一周尽量安排2~3次游泳,戒了烟,尽量不出去应酬,每天不熬夜,每周一天素食,晚上不吃主食——经常在夜里饿得想把鼠标吃了。我做了这么多的基础工作,最终都会体现在这张表上,这就是内部控制和财务报表的关系。"

熊妈妈把水杯递过来:"这个例子举得好,你这么一说,我还真回忆起来好多当年的事。你记得不,那个时候咱俩还在那儿算一个牛角包的固定成本和变动成本呢!"

小熊道了声谢,接过杯子:"对,财务数字是前台,财务数字漂亮与否要看后台运营的各个方面的整合运筹。内控,就是润滑、加速、提升运营效率的一个系统工程。回到最初的话题，内控的第一个目标是保证财务信息的真实、完整和准确。

"咱们接着说第二个目标，有助于提升运营效率。传统的企业管理是以运营部门为牵引的，比如采购部、销售部、市场部、仓库、财务部等，但是咱们搭建内部控制体系的目标是以流程为导向，把部门之间的墙头拆散。"

"这个学生就不太明白啦，难道做内控的企业都不要采购部、销售部啦？"

"当然不是，部门该怎么设还怎么设，包括部门的日常管理，该怎么管还怎么管。流程建立了，控制设计了，部门与部门之间在之前的断点就被连接起来了。举个例子，之前我做内控项目，只要观察财务部和销售部同事们的日常关系，就能知道这家企业的现金流情况。"

"我这个时候是不是应该配合地问一句，敢问先生是如何得知的呢？"

"不敢不敢，说穿了其实也没什么。我关注的核心事项是应收账款的催收，在很多公司这个事项究竟该由哪个部门来管，其实有点含糊。一般而言，应该

PART / 体检报告的秘密

由销售部负责,谁的客户谁明白,但是销售部整天冲锋陷阵,一心想着往前跑,很少有人主动回过头来理会应收账款的事情,这个时候财务部和销售部之间配合与衔接的重要性就体现出来了。应收账款的账龄分析应该是财务部和销售部共同完成的工作。两个部门关系好,沟通得多,财务部会先把应收账款的余额统计出来,主动拉着销售部对数,提请销售部抓紧催收,事后再盯着点,应收账款的催收就会变得有效率和主动。您看,两个人手拉手做账龄分析,一起核对数字的准确性,这就是把两个部门连接在一起的流程和关键控制点,内控就是通过这样的方式来促进运营效率的。"

"别说,你这个推理过程有点基本演绎法的意思啊!现在细想,是这么个道理。咱们的销售部主要面对公司客户,之前我就感觉应收账款这事儿有点像踢皮球,每次找销售部的刘总问应收账款的事,她总跟我说财务部不给她数据,我说没给你数据你自己不会去问问啊,怎么管理层连这点主动意识都没有?她跟我说财务经理跟她说还没统计出来。后来我才听说,之前俩人有矛盾,平时不说话,有事都是交代手下的

牛角包一样的会计：风险管理和内部控制

人去对接。"

"嗨，这俩人都不是省油的灯，您别着急。咱们先立规矩，按规矩办的人就留下，不积极配合的咱们也有章程。业务部门和财务部门之间，既有各自的一摊工作，井水不犯河水，又有叠屋架层的重合部分，有一个清晰的内控体系，可以避免各部门之间就重叠部分工作互相扯皮。双方无皮可扯，各司其职，经营效率自然就上来了。

"咱们最后再说说第三个目标：合规。这个目标好理解多了。目前不管在美国、中国香港还是在国内A股上市，内控都是必须做的功课，有相应的法规约束。在美国上市需要遵循《萨班斯-奥克斯利法案》第302条款、404条款和906条款；在中国香港上市需要遵循《第21项应用指引》（PN21）；在国内A股上市需要遵循《企业内部控制基本规范》和配套的指引。后面这两个法规咱们留到以后慢慢讲。还有，这个名字太长，我以后再提的话，就直接说《萨班斯法案》了，是一个意思。

"好啦，熊老师再总结一下学习内容就准备下课啦。咱们讲了内部控制和财务报表的关系，介绍了内控框架的发布者COSO，详细地说了内部控制的定义。根据咱们刚才说的这些，中文版的内部控制定义已经很清楚了吧？

"内部控制是董事会、管理层、运营层面人员共同努力，为企业提高运营效率，实现财务信息准确及法律合规而提供合理保证的一个过程。我之所以说合理保证而不是完全保证，您知道是为什么吧？"

"老外给自己留后路？"

"哈哈，您真了解人性。咱们后面请审计师来审计的时候，您看人家给您的合同上也会写明'合理保证'四个字。因为程序毕竟是程序，还需要人的具体执行。后面咱们还会讲到涉及人性的风险都很难得到控制，因此'合理保证'显得这个定义更加严谨。"

"儿子啊，你刚开始给我讲这个内控的时候我还没怎么当回事，讲完这一课还真的激发了我学习的欲望，你今天没啥事接着再讲一课得了。"

"别，您让我也歇会儿。此外，我现在的时间可不比原来的时间自由啦！今天早上我看了看月报，我觉得数算得不对，此刻我准备把孙姐请过来批评教育，能力不行可以原谅，态度不行就只能走人。"

"对，你顺便问问她跟小刘有什么私人恩怨，我想听听。"

PART 2

COSO 魔方的威力

PART 2　COSO魔方的威力

风险的三板斧

小熊的清晨通常是这样度过的，他每天都在 7:00 准时起床，倒不是不能多躺会儿，而是岁数大了，觉也越来越少了。如果头天早点睡，第二天也就会相应地早点起。有的时候醒得早了，就在床上发发呆，静静地听着手机闹钟响起，然后再关掉。

小熊一般很早就到办公室，熊妈妈勤俭持家，酥园总部的办公楼简直可以用"德高望重"来形容。办公室的装修在小熊看来更是若有憾焉，哪哪儿都看不入眼。不过好歹有个独立空间，小熊放下包，打开电脑，喝着从楼下咖啡店买来的拿铁，查查邮件，看看新闻，享受一会儿难得的清静。

这个时候门被悄悄地推开了，熊妈妈闪身走进来，小熊没提防，吓了一跳。

"妈，您看您这么多年了怎么还是不敲门就进来啊？"咖啡弄洒了一点儿，小熊手忙脚乱地抽纸巾。

"我敲啦，声音可能比较温柔，你没听见。此外，我很好奇，想看看你一大早就把门关得这么严实，偷偷摸摸地在干什么。"

小熊又好气又好笑："我一个中年大叔，在这么一个比厕所大点的房间里还能干什么？话说您今天不是去下面的店面巡视吗，回总部来干什么？"

"嗨，去巡视啥时候去都行，这不是老师正好没事嘛，我是想问问老师咱们今天几点上课？"

小熊望着妈妈忽然有点感慨："妈，我还真没看出您是来真的，我以为您就是心血来潮随便说说的。您这么一认真，我还真有点不好意思了。那咱们后面这一周每天早上都讲一个小时，这样您对内控也能有个粗浅但是全面的了解了。"

"嘿，我虽然老了，但是心态上还是很年轻的。

PART 2　COSO魔方的威力

再说了，学习还分老小不成？那我多问一句，如果我想细致而又全面地了解内控呢？"

"那也行，等咱们开始做内控项目的时候我给您分一个流程，做不完别下班。

"今天咱们讲讲风险。风险是随着行动而来的，总体而言，只要做事情，就会有风险。妈，您举个例子，此刻咱们有什么风险？"

"我想想哈，地震、火灾什么的算吗？"

"算，这是风险的第一属性，风险的结果往往是不好的，是负面的。"

"哦，要是这么发散思维的话，那风险可多了去了。"

"是啊，但是一定会发生吗？不一定吧？不确定性就是风险的第二个属性。此外，在发生的时间上，一般站在我们现在这个时点上，风险都是指向未来的，这是风险的第三个属性。咱们总结一下，风险是未来可能发生的导致损害的可能性。刚才咱们举的例子是生活中的，现在咱们结合企业实践来看一下风险在企业运营环境中的存在状态。

"上次咱们介绍了内控的三个目标，分别是财务

牛角包一样的会计：风险管理和内部控制

信息的真实准确、运营效率的提升，以及法律上的合规。一家企业既然制定了目标，那就得制定相应的策略以达到相关的目标，如果把'提升本年的运营效率'作为一个宏观目标，企业就得有所行动：

"第一，缩减部分业务人员的编制。

"第二，缩减研发预算。

"第三，压缩生产成本。

"第四，提高存货周转率。

"第五，提高应收账款回收率。

"上面这些是咱们打算做的事情。刚才咱们说了什么是风险，我考考您，您看上面这些行动是不是都有风险啊？"

熊妈妈嘟嘟囔囔道："你这动不动就提问题，难道你的学生没有意见吗？"

"您有所不知，像咱们这种培训，最怕课堂上没有互动，全靠老师一张嘴。我在前面讲得口舌生烟，同学们在下面神游天际。我再不问点问题，赶上夏天的下午，讲'三国'都能睡着一大片，更别说我这讲内控和风险的了。"

"好吧，这个说法勉强站得住脚，我先看看。第

PART 2　COSO魔方的威力

一个好说，风险在于人少了活就没人干了。第二个的风险，我看在于研发经费缩减了，企业新的产品和创意就少了。你就拿咱们这个行业来说，你不能卖来卖去总是牛角包、方切片吧？平时卖得好的切角蛋糕咱们目前每周也需要上 2~3 款新产品。压缩生产成本？这个我之前没想过。你也知道你妈的风格，如果谈不上科技的提升，只是简单地压缩成本，对顾客和自己简直是双重伤害啊，这风险未免太高了吧！提高存货周转率？儿子，坦率地讲，啥叫存货周转率我都忘了。"熊妈妈摘下眼镜，揉揉眼睛，苦笑道。

"存货周转率是衡量存货周转速度的比率，主要是测试存货的流动性及存货占用资金的比率。提升存货周转率就是让存货尽量减少，尽快地把存货卖出去。"

"哦，那我明白了。不过我还是想不出来提高存货周转率的风险在哪里啊？"

"对于我们这样的行业，存货周转率风险不是很高。但是换个行业，比如生产机器设备的，如果以提高存货周转率为目标，那么就得给销售人员施压，但是压力大了，就有变相的抵抗，比如卖出去了，但是不着急收钱。造成的直接后果就是存货周转率的确提高了，销售收入也提高了，但是应收账款的账龄越来越长，现金流越来越差，这就是风险所在。提高应收账款的回收率，这个目标本来是很好的，但是如果单纯地以这个为目标，代价就是销售手段变得不灵活了，很多单子没办法接了，很多现有的优质客户需要一定的账期消化现金流的压力，这部分客户也得罪了。此外，如果把催款的压力完全压在销售人员身上，那么压力达到一定级别的时候还会造成优秀人员的流失。这就是单纯地追逐应收账款回收率的风险。"

"你这么一解释，我果然茅塞顿开啊！关于存货周转率的提升，我也想到一个和咱们这个行业相关的风险。你知道咱们不同级别的门店有一定折扣的权限吧？可以给大客户或老顾客一定的优惠。如果单纯地追求存货周转率的提升，是不是也会有这样的风险：咱们的门店人员擅自给客户低折扣，促成快速销售。如果单独看存货周转率，的确有所提升，但是如果结合毛利率来看，其实是得不偿失的，这也是风险。"

小熊点点头，顺势喝了一口水："妈您总结得真不错，要说一教就会都不算难得的，最难得的那是举

PART 2　COSO魔方的威力

一反三。"

"哎哟，蒙您金口一赞，我真是荣宠无边啊！不过这么一想，好像很久都没什么人像样地夸过我了。"

"嗨，甘蔗没有两头甜的。您都是优秀企业家了，还想着找别人要夸奖，这是不对的。"

"好啦，这就把风险讲完了，然后呢？"

"然后？然后您得意识到风险和内控的关系。目标是起点，行动是目标的实现方式，风险是行动的伴生因素，内控是风险的钳制手段。"小熊边画边说道。

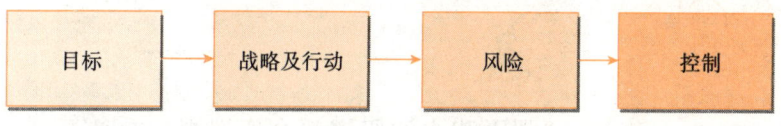

控制环境——管理层凌驾是个梗

"那天我去沈阳道那个店巡视,看见下班后扔掉的那些面包,真是心疼得我直哆嗦。这些扔掉的面包要是放在吃不饱的年月,能救多少条人命啊!"

"妈,这事没办法改善。您干这一行的应该知道,面包当天处理,蛋糕隔日处理,这是行规啊。"

"是啊,主要是我好几年没亲眼看到这

PART 2　COSO魔方的威力

个场面了。其实原来也知道，行有行规，很多时候都是眼不见心不烦。可那天我是亲眼看见啊，那么好的面包，那么好的原料，说扔就扔。我回去之后在会上还专门拿这件事跟大伙儿议了议，我说咱们能不能搞个半价活动，比如闭店前半个小时都打5折，总好过直接扔了。你猜大家怎么说？"

"我猜大伙敢怒不敢言。"

"这回'福尔摩斯'可猜错了，大伙儿是勇于发言了。意见基本一致，这个活动不能搞。当时有好几个店的经理都表示，他们之前工作的面包店有过这样的活动，本意是好的，但是活动一出来，白天营业时间的销售额锐减，闭店前的半小时倒是忙得四脚朝天。忙活了半天，把利润都让给了顾客。"

"福尔摩斯"露出神秘的微笑："这也是经营风险。"

"总体而言，控制由五个部分组成。COSO曾经出台过一个有名的直方图，我把它叫作COSO魔方。咱们今天主要来讲讲这个魔方怎么玩。"小熊一边说，一边在纸上画了一个立方体。

"首先,是横断面。您看到的是控制的三个目标,咱们之前说过的:运营的效率提升、财务报告的真实准确,以及法律的合规。纵切面的侧面表示企业是一个立体,是由各个不同的运营实体或业务循环构成的。重点在面对您的这一面,看到了吗?一共是五行,每一行都有一个名字。

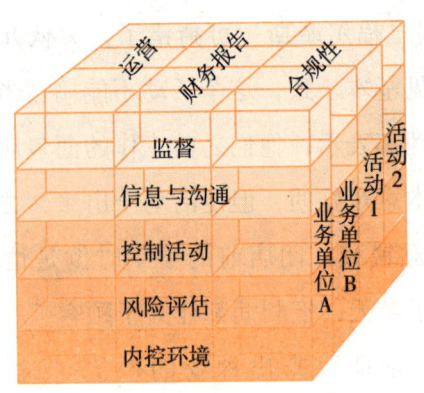

"咱们从最下面往上说,最下面的内控元素是内控环境。这是个相对意识形态的内容,我一般把这个元素分为两个部分,一个是硬指标,一个是软环境。

PART 2 COSO魔方的威力

"先说硬指标，什么是好的内控环境？我觉得一个拥有健康完善的公司治理结构的内控环境就是好的内控环境，它至少得包括下面的几方面：

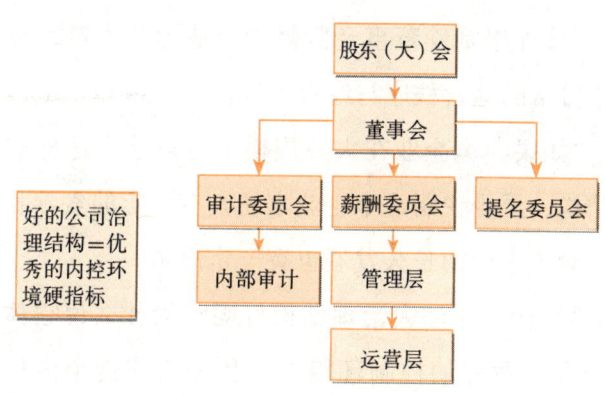

"股东（大）会由全体股东组成，是公司的最高权力机构和最高决策机构。董事会是股东（大）会闭会期间的办事机构，董事会下面的三个委员会均为独立机构，分管不同方面。审计委员会管审计，监督相关事宜，企业的内部审计职能直接向审计委员会汇报，以保证其独立性；薪酬委员会主要负责制定公司董事及经理人员的考核标准并进行考核，负责制定、审查公司董事及经理人员的薪酬政策与方案；提名委员会则负责向股东（大）会提交每年改选的董事名单和候选人名单，并负责寻找和提出CEO（首席执行官）的继任人选，报请董事会考虑。

"管理层是受董事会监督的企业运营力量，负责企业日常的运营秩序与经营管理。

"如果一家企业在大致规模上可以建立这样的治理结构，至少说明这个企业家还具有一定的素养和气象，对于企业的长久发展也有一定思考。

"为什么说法人治理结构好呢？为什么说它体现了一个企业好的控制环境呢？我先给您讲个内控理论，叫作管理层凌驾。"

"这个词听起来好霸气，我喜欢。"

小熊哈哈笑了，他觉得妈妈是个很可爱的企业家："对，不光您喜欢，好多民营企业老板都喜欢。这个词用英文表述是management overriding，其实不管是中文还是英文，咱们都能看出来这个词的意思。管理层凌驾就是企业中具备较高权力的高级管理层驾驭、藐视或不受既定的内部控制制度约束的行为。一般而言，管理层凌驾是一种比较严重的内控缺陷，但是它

PART 2　COSO魔方的威力

很有地域特点。

"在西方国家，公司法人治理体系相对成熟，制度和规章的社会基础比较好，管理层凌驾的现象少一些。比如说，美国赫赫有名的 P2P 行业始祖——Lending Club 的创始人一时兴起，批准了向一名投资人发放一笔数额为 2,200 万美元的优先级贷款，由于这笔交易的批准没有经过正当合理的授权程序，也没有经过公司治理结构中的集体决策（如董事会），因此一经内部评估程序发现曝光，创始人不得不引咎辞职。

"但是在中国，由于中国接受现代公司治理理论时间不长，很多中国民营企业家还处在比较初级的一言堂的发展阶段，因此管理层凌驾的现象就显得格外突出和普遍。咱们还举 P2P 行业的例子，听新闻上说，某公司实质控制人可以一掷千金，拿出几个亿来包养情妇，肆意挥霍，这就是很典型的管理层凌驾。该公司在处于巅峰期时，全国有 13 万员工几十家分公司，不能说他们的内部一点儿控制都没有吧？但是管理层凌驾仍然是没能逾越的鸿沟。"

"这件事我也在电视上看到了，我看这就是有钱烧的。"

"是啊，贪婪使人疯狂嘛！对了妈，您也回忆回忆，您在公司的日常经营中是不是也存在管理层凌驾的情况，咱们也得在批判中学习成长。"

熊妈妈忽然有点不好意思，说道："那肯定有啊！按你说的，我们还处在初级阶段嘛。这么多店，咱们这个行业人员的整体素质你也知道，我不能什么都搞民主啊。同时，我对你这套理论有点看法，我感觉你这个理论对那些500强的企业指手画脚还行，对于中小企业来说，什么都得强调授权、集体决策、程序，我觉得挺没效率的。"

小熊点点头："您说得对，尽信书不如无书。虽然我是吃这碗饭的，但也不能把内控说成包治百病的良药。我想说的是这么两点：第一点，理论是死的，但是人和企业是活的。公司在发展的不同阶段的确需要选择适合自己的公司治理体系，但是选择和接受公司治理的理念，也并不是说不兼顾效率，不灵活思考。第二点，您说得对，在公司发展的初期，效率可能要优于治理和控制，因为这两样的施行都会导致成本增加。在一个业务流程中，有时候增加一个控制点，就

PART 2　COSO魔方的威力

需要增加一个工作岗位，或者增加这个流程的运行时间。这个阶段往往机会难得、稍纵即逝，需要企业家快速决断。在我个人看来，这时候对于控制的要求只需要比'自发控制'这个很初级的控制阶段稍微高一点儿就可以了。随着企业规模越来越大，业务越来越复杂，控制和治理结构就显得越来越重要。咱们可以举个例子，一个小小的控制点就可以节省您很多时间。"小熊站起来，在屋子里走了两步接着说，"比如费用报销这个流程，门店的咱们不说，就说咱们管理总部，您现在是怎么审核的？"

熊妈妈想了想说："太细的我也不太记得了，好像是部门经理先批，在你来之前是常务副总批，然后财务批，最后送到我这儿批。你来了之后，又需要加一层你批。"

"是啊，我虽然来的时间不长，但是就感觉到时间不够用。白天在公司，感觉大部分的时间都在处理这样的杂事，没有整块的时间进行思考和规划。等到下班了，大家都走了，没有人来烦我了，我才有点思考的时间。其实很简单的一个控制就能改善现在的状况。在控制理论中，有这么一个子理论，叫作分层控制。咱们还拿报销这个事情举例子，咱们可以把报销金额做一个大概的分层，比如分为1,000元以下、1,000~5,000元、5,000~10,000元、10,000元以上四个档次。单次报销金额在1,000元以下的，部门经理审批就可以，到财务的复核不是审批，而是检查一下单据是否齐全，是否有不合规的票据，也就是说财务的审核变成了形式审核，而不是费用合理性的审核；1,000~5,000元的，除了部门经理审核，增加一级常务副总的审核；5,000~10,000元的，增加副总裁的审核；10,000元以上的，再增加一级总裁的审核。这样规划后，高级管理者的时间和精力被解放，您可以把时间放在为企业创造价值的地方。"

熊妈妈半晌没吭声，过了一会儿才略有一点儿迟疑地问："你的这个理论听起来是不错。不过我一直以来都有个问题想问你，假如你不是我儿子，10,000元以下的费用报销我看不到了，我怎么知道有没有舞弊之类的事情发生呢？"

"其实这不只是您一个人的疑问，我之前在外面讲课的时候，经常有民营企业老板来问我这个问题。对于这个问题我是这么看的：第一，无论是在公司治

PART 2　COSO魔方的威力

理方面还是在控制理论方面，其实有个道德前提，就是我相信我的员工人性都是好的，我的公司风气很正，大家都会为了这个公司努力拼搏、公而忘私。当然，这只是一厢情愿的事情。事实上，内控体系的搭建也是为这个前提保驾护航的，比如我们讲风险评估，我们说控制行为，后面还有监督机制，比如定期的内部审计、群众举报，也包括管理层的突击检查，这些手段配套使用，目的就是保证这样的前提得到不断的安全验证。

"第二，这其实是个博弈问题。企业家对自己企业的风险应该有一个全面、充分、客观的认知，知道自己企业的重灾区在什么地方，可能在哪些方面会出问题，在这些方面多放一些控制。相反，有些流程简单，风险低的问题，就稍微少放一点儿控制来解放自己。还是费用报销这个问题，金额的档位可以进行一些灵活调节，您要是不放心，可以把您自己审核的档位往下降一档，当然，这样您就累一点儿。

"酥园未来一年的目标是要到美国纳斯达克上市，不是到湘江道的菜市场上市。您说说看，咱们要不要建立公司治理结构和内控体系？"

牛角包一样的会计：风险管理和内部控制

PART 2　COSO魔方的威力

一手软，一手硬，
两手都要横

"控制环境中的硬性要求就是关于公司的一些必要的治理结构的设置。现在，咱们再来说说控制环境中的软性要求。"

小熊一边说一边画了一幅图。

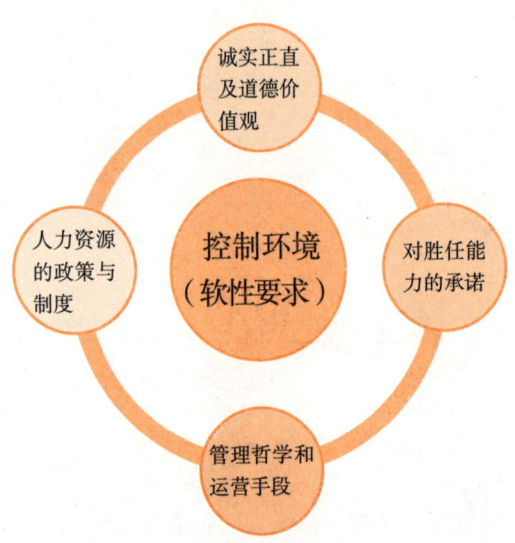

"图上面的四个方面是控制环境中的软性要求,我一一解释一下。诚实正直及道德价值观是关于企业精神面貌的问题。一个企业家做了一家企业,这家企业就像企业家的孩子一般,成长起来自然带着些面貌气象,这其实贯穿体现着企业家自身的气象。说到这儿,我想请教您一下,您觉得酥园是个什么样的公司?"

熊妈妈沉吟了一会儿,说道:"哎呀,这是让我自己夸自己,还真是有点不好意思。我觉得吧,咱们

PART 2　COSO魔方的威力

客观一点哈，酥园算是一个比较有人情味儿，团队比较抱团儿，对客人比较尊重和负责，对产品质量要求比较苛刻的公司，这算客观地总结吗？"

小熊哈哈地笑了，回答道："当然算，您看您这么总结完，回过头来再看咱们之前的那个问题，您还觉得500元以下的费用需要您亲自审批吗？这就是控制环境的强大作用。如果企业家正直诚实、人生观端正、务实客观，在这样的控制环境影响下，这家企业也应该呈现出这样的气象。那么，这家企业的控制基础就会很好，因为控制前提得到了充分的尊重和满足。

"咱们接着说对胜任能力的承诺。这一点是关于团队管理的，它要求企业家对待团队有思路、有办法、有承诺、能兑现。有思路和有办法的意思是企业家知道哪个岗位需要什么样的人才，哪个团队或个体同事需要辅导与关注，哪些从企业角度出发的措施可以提升团队的竞争能力。在这样的立论下，这家企业的运营团队工作愉快，对企业有充分的信任，业务上整合度高，思想上向心力强，综合战斗力就比较强大。当然，很多企业除了软性的、人文的关怀，还会有一些具体的措施来兑现团队胜任能力的承诺，比如期权的设置与发放、股权直接或间接地授予，还有年底多发钱，这些都是对团队胜任能力的承诺。"

"这一点咱们做得还是挺不错的吧？虽然还没到分股权的地步，但是我是有这个想法的，那时你还没加入公司，我不是还咨询过你股份制改革的事情吗？其实当时是这么想来着，后来觉得公司成长得还不够大，还不到论功行赏坐天下的时候，所以这件事就暂时搁下了。"

"妈，您说得挺好的，这的确不是着急的事情，应该是顺其自然的事情。此外，这只是一方面，把合适的人放在合适的岗位上，并且给予充分的辅导和帮助，我觉得也是尊重胜任能力的重要表现。

"接下来谈谈管理哲学和运营手段，其实这方面我对您很有信心。我个人觉得，所谓管理哲学和运营手段其实都可以简化，成为做人的哲学和方法。企业家如果立身正、眼界远、待人宽严相继、赏罚分明，按《中庸》的话说应该是'宽柔以教，不报无道'，那么这家企业的管理哲学就是好的、积极的、端正的。

"最后，咱们说说人力资源的政策与制度。这一

PART 2　COSO魔方的威力

点其实和上面咱们谈到对胜任能力的承诺是息息相关的，两个问题谈的其实都是如何用人。关键岗位选对了人，那么这些岗位对应的流程风险就低，需要的控制点也会相应地减少，可能只需要一两个关键控制点就够了。之前，我总说和人性相关的风险很难控制，说的其实也是这个道理。人用对了，对内控体系的不断提升与完善有着非常积极的建设作用。"

"你刚才说到的用人这一点，我特别赞同。"熊妈妈站起身来，转了转腰，接着说，"之前咱们采购中心有个小伙子，人聪明，还是大学生，我招来本打算好好培养的，结果他不争气，可能觉得自己人头儿混熟了，肆无忌惮地找供应商要回扣。但是他不知道我定期都要找供应商询价，结果露馅儿了，直接被我开除了。"

"啊……您还留了这么一手？其实，您事后不定期地抽查就是一个很好的控制点。可能您之前并没有意识到这是一个什么样的控制，但是您实际上做的就是一个自发的控制。不过我多问一句，咱们的采购都是采购员自己去找供应商询价，自己确定供应商吗？"

"那肯定不会，咱们的供应商管理还是有规矩的。

这块原来有点乱,我把供应商的选择和订货都授权给之前的采购中心经理了,但是后来还是有点儿不放心,所以供应商选择这块后来都到了我这里。道高一尺,魔高一丈,人家跟咱们列在供应商名单里的每个供应商都谈过一次,所以不管选哪个供应商,最后都有他的好处。我也就是把关一下选哪个供应商,你也知道咱们的原材料特别碎,我不可能每次采购都核对一遍价格啊。"

"哦,这个其实也可以通过控制来解决,不过这个问题咱们还是等讲到具体流程的时候再探讨。我现在岁数大了,说话总爱跑题,跑远了还拉不回来。"

熊妈妈哈哈一笑:"你看你小时候多乖,不管跑多远,只要我站在山坡上喊一嗓子,你都会马上回来。"

"是啊,我小时候一直没敢请教,我要是不回来呢?"

"那就没饭吃,还得给我去墙角站着。"熊妈妈爽快地回答。

PART 2　COSO魔方的威力

风险评估——君子不立于危墙之下

"咱们刚才讲完了COSO魔方的第一个要素——内控环境,接着来讲第二个要素——风险评估。若COSO魔方您要是忘记了的话,咱们翻回去看一次。"小熊征询地看了熊妈妈一眼,把手里的笔记本往回翻了翻。

"妈,咱们先回忆一下什么是风险。总体而言,风险是未来可能发生的导致损害的

PART 2　COSO魔方的威力

可能性。风险是如何产生的呢？企业运营有三个总体目标：有效率的运营、有质量的财务报告，还有对法律的合规性。为了满足上述的目标，企业需要采取一定的行动和策略，那么不可避免地，风险就产生了。

"妈，我说了这么多您怎么一直深情地看着我啊？全忘啦？"

"我明明是沉浸在对知识点的回忆中。"

"那您沉浸得够透彻的，估计快沉底儿了。"

"你看你又跑题，你不是要讲风险评估吗？我看你最好也评估一下自己的风险。"

"风险评估其实是个比较专业的工作，大企业可能还有这样的专业力量自己做，如果是中小型企业，一般都是聘请中介机构来进行的。很多专业书籍喜欢建议企业先进行风险评估，但是我个人觉得，这样的要求有一个前提——整个内控体系的建设均是由企业内部人员进行的。企业内部人员本身已经对企业的流程很熟悉了，因此风险评估会更加准确和全面。对于中介机构而言，如果对企业的运营和业务流程毫不知情，或者不熟悉，上来就做风险评估，那便是胶柱鼓瑟了。这一点乃是我个人的一点儿想法，在这里也做个交代。关于这一点,我们在后面讲到具体项目的实施时还会再谈。

"通常的风险评估是按照下面的顺序来进行的。"小熊说着又掏出了笔。

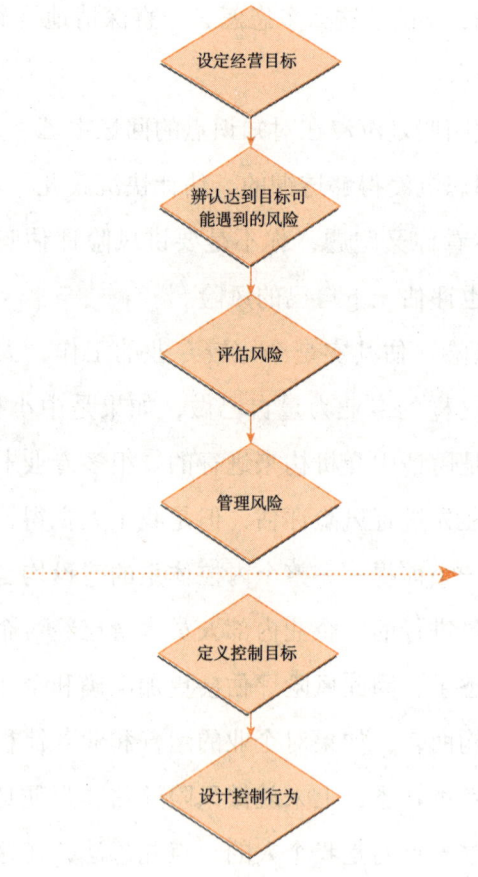

PART 2　COSO魔方的威力

"咱们在前面讲过风险是由于企业设定了经营目标，根据经营目标制定了相应的策略，实施策略就是做事，做了事，自然就有了风险。因此，风险评估的第一步是把企业的大目标根据不同的运营流程，比如采购、销售、存货管理等，再细化地拆分成小的目标。这样讲太抽象，我给您举个例子说吧。

"咱们举个销售的例子吧，就咱们公司而言，大客户的应收账款管理是一个很重要的子流程。那么我们先设定这个子流程的目标，您来设定设定……"

"目标就是按时把钱收回来呗！当然啦，适当的账期我也不是不能接受，但是也得自觉点，我就发现咱们的有些客户非常不自觉……"

"好的好的，妈，目标您已经表达得很准确了。"小熊打断妈妈的话头，他知道如果不打断的话，又会有十分钟的牢骚要听。

> 目标：应收账款准时、完整收回，账龄可以控制在一个合理水平，如30天

"好了,目标咱们有了,对应着这个目标,您觉得风险在哪儿?"

"我觉得啊,我觉得咱们可能白定这个目标了,该收不回来的还是收不回来。我还想到一个问题,如果咱们定的账期比较短,有些大客户可能就不在咱们这买了,这算不算风险?"

"算啊,您考虑得很周全。那么,咱们为了实现这个目标,可能遭遇的风险有以下几个:

"第一,应收账款未能及时收回,影响本期经营业绩和现金流。

"第二,应收账款未能完整收回,导致财务报表信息不完整和不准确。

"第三,账期压缩过短,可能导致部分大客户流失。

"接下来的一步是评估风险,这个工作相对专业一些,需要结合风险对财务报告的影响、风险发生的可能性大小、风险造成的损害大小等因素来进行复合评价。在这里我就不讲这么细了,我直接结合咱们的实际情况给出一个大致的风险评级:第一种风险高,第二种风险中,第三种风险中。

PART 2　COSO魔方的威力

"我简单解释一下，风险一会直接影响企业经营的现金流，而健康的现金流对快速消费品行业至关重要，因此我把该风险评级为高。风险二说的是应收账款完整收回的风险，虽然这个发生的频率高，但是如果比例可以控制在一个合理水平，那么其实对当期报表的不良影响并不算大，因此我将其评为中。最后一点，您说得很对，如果我们把账期的政策进行了调整，统一压缩为 30 天，很可能会影响一部分大客户是否继续在我们这里采购。但是我一直信奉这样一个观点，不好好付款、不讲信用的客户，其实也不是我们的客户。与其纠结于是否给他们更长的账期，还不如把自身的质量提升上去，淘汰这部分客户，这是从战略上考虑的。从实际运营中，我看了一下我们本月的财务分析数据，团体客户采购占整体销售的 25% 左右，其实这个比例并不算太大。想必这两年您也明白了，光靠两节卖月饼和粽子就能把本年利润都挣出来的时代已经过去了，综上我把风险三评级为中。"

"你这么一解释，我心里明白多啦。这么看，对风险的评估还得基于对业务的深刻理解，以及对财务报表的认知。"

"妈,您这句话说得很对。在美国上市的公司,需要在内控方面遵循《萨班斯法案》,谈到内部控制的时候,有个专门的词,即ICOFR(Internal Control Over Financial Reporting),中文是与财务报告相关的内部控制。我认为这个着重强调的定义很准确:一方面,把企业内控合规的范围框定在了一个相对合理的范围内;另一方面,如此的范围限定会使定位更加精准。在这方面,中国上市公司需要遵循《企业内部控制基本规范》及其配套指引,并没有明确'与财务相关'。这样的结果,尤其在刚开始实施的几年,导致很多企业推行搭建全面的内控体系。这里面产生了很多问题,我们放在后面说。总而言之,如您刚才总结的,风险评估的立足点在于对企业业务流程的充分认知,以及对财务报表的深刻理解。

"对风险进行评估之后,需要对风险进行管理。对风险的管理手段,就是控制。"

PART 2 COSO魔方的威力

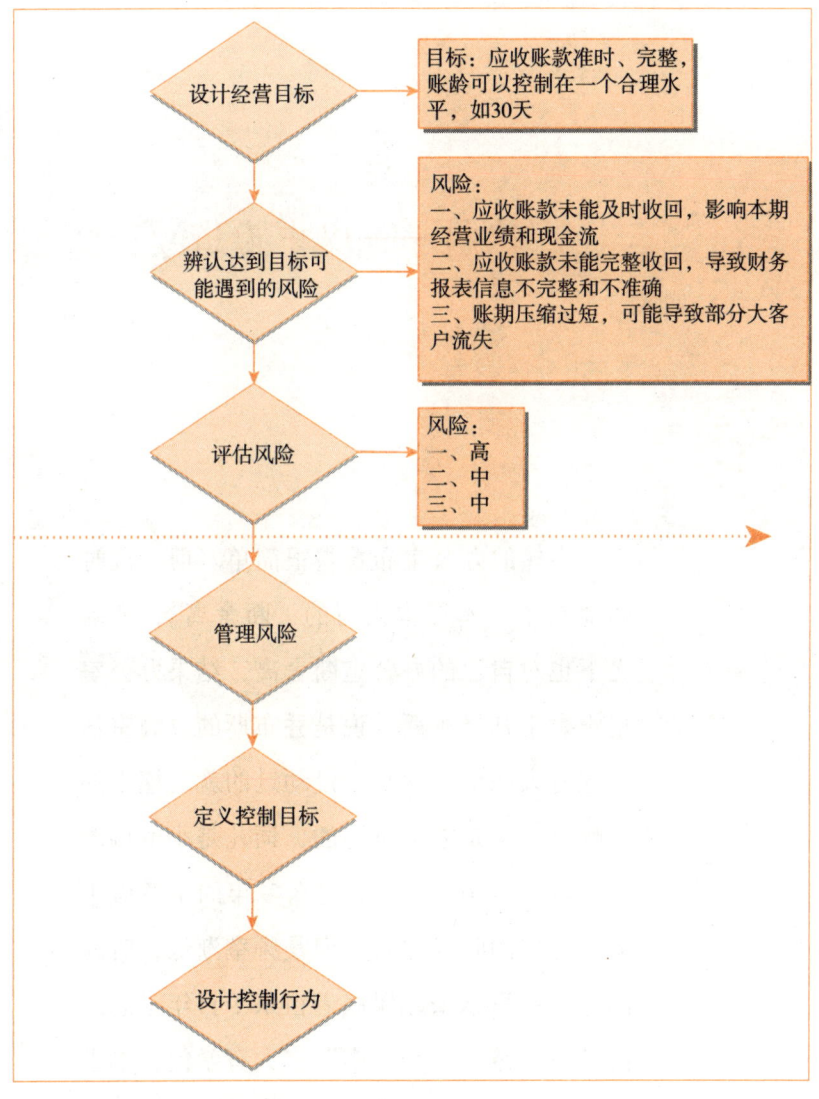

控制——以中为道

小熊的办公室布置得很简单。前一段时间他看了一本日本人写的《断舍离》,冲动之下也对自己的办公室断舍离,结果办公室里没剩下几样东西,说是乔布斯的办公室估计也有人相信。他唯一没动过的就是墙上的一幅字,字是熊爸爸写的,词儿是小熊琢磨的"以中为道"。小熊这么多年的生意做下来,生气的时候也有,但是频率渐低,时间渐短,心里越来越佩服老祖宗千百年来总结的处事智慧。一个"中"字大有学问,书上

PART 2　COSO魔方的威力

说"喜怒哀乐之未发，谓之中；发而皆中节，谓之和"。"中"讲的不是妥协而是控制，控制的结果是平衡，不是放弃原则而是沟通协调，找出最优方案。小熊觉得，做事也罢，做人也罢，道理不过如此。

小熊正端详着墙上的字,熊妈妈又端着茶杯推门走了进来。小熊不由扑哧地笑了:"妈,您现在真准时啊,正事都不干啦,每天听课听得还挺带劲的,连茶水都自备啦。"

"你平时喝的那个茶太差,我喝不惯。你闻闻我这个,碧潭飘雪,香吧?"熊妈妈说着,放下腋下的笔记本,把茶杯盖打开让小熊闻了闻。

"行,难得您有如此的学习精神,那咱们闲话少叙,继续谈 COSO 剩下的几个要素。

"上次咱们谈完了风险评估,已经辨别出企业的风险,下一步就是管理风险,而管理风险的途径就是控制目标的确定和控制行为的设计。

"控制行为包括两个方面,一个方面叫作制度,另一个方面叫作流程。"小熊说到这里顿了一下,"在咱们刚刚开始讲内控的时候,我记得您曾经跟我说过,咱们其实是有很多制度的。咱们的日常管理是比照制度执行的,那么您有没有想过,制度和流程的关系与区别是什么?之前,我在给客户或企业讲课的时候都曾问过大家这个问题,基本上没有人能回答出来。有的人可能模模糊糊地有那么个意识,但还是没

PART 2　COSO魔方的威力

想明白和透彻。我还是举个例子来说吧,这样印象深刻。"

小熊说完,端起妈妈的茶杯喝了一口水。

"制度好比交通规则,是确定下来的法则,强调的是结果,如果不怎么样,那么你就会怎么样,一般约束的是一个部门或一个方面的工作;流程好比导航软件,强调如何规划最优路径,偏重的是过程,一般管理的是跨部门的工作。比如存货管理制度,这个制度应该是仓库制定的,用以约束存货管理的规范和法则。存货管理流程说的不只是仓库的事情,前面还要承接采购流程的一部分,后面还要承接财务报告流程的一部分。"

"那……它们俩到底是什么关系?"熊妈妈还是一脸茫然。

"说到底,它们互相掩护、互相作用、互为表里,谁也离不开谁。如果只有制度,那么运营工作难免僵化和死板;如果只有流程,工作又流于浮华和形式。如果制度是人体的各个部分,比如脑袋、四肢、躯干,那么流程是血液,是贯穿人体的元气。"

"好吧,这么说我勉强明白了。"

牛角包一样的会计：风险管理和内部控制

"控制行为有几个特征，我也给您列示一下。

"第一，与风险评估流程直接相关。控制行为设计得好不好，评判标准之一在于是否与企业的运营风险直接相关，换句话说就是控制行为是否可以有效地控制相关风险。举个例子,咱们家的门,如果控制行为是加了指纹的密码锁,那么这个控制设计是否成功的评判标准在于,是否降低了被盗的风险。"

"要是住在低层,还可能从窗户爬进去呢!"熊妈妈认真地说。

"……您说得也对,所以一个风险可能需要设计不止一个控制行为来降低和钳制。

"第二,各个企业的控制行为应该各具特色。这个没什么好说的,我们做咨询,现在也越来越重视客户体验和个性化。有的企业包罗万象,涉及很多不同的行业,它不可能适用一套控制行为和风险管理体系,对吧?

"第三,政策和制度需要正式归档。这里面'正式'两个字是关键词,之前我们做萨班斯法案项目的时候,项目的核心要求之一就是文档要求。控制说得再好听,如果不能有效地落实在字面上,那么这样的控制也会大打折扣。

"第四,流程的执行。正式归档只是形式,切实执行才是核心所在。当然,对于某些关键的流程和控制点,我们还会增加后期的监督环节,关注上面的控制是否得到充分和完整的执行。举个例子，在财务报告流程中通常有这么一个控制点：出纳每月编制银行余额调节表，财务主管对其工作成果进行审核，并在打印的银行余额调节表上签字确认。上述银行余额调节表也应该包括差异为零的银行账户。就刚才的例子而言，要求财务主管在打印出来的银行余额调节表上签字就是将政策和制度正式归档的证据体现，而财务主管的再次确认，就是对流程执行的事后监督。

"第五，关注重点控制行为。企业经营者也应该知晓一个道理：控制和成本是相互矛盾的。控制越多，成本就越高。对于企业经营者而言，关注重大风险和关键控制点特别重要。您知道吗，现在美国的大公司做内控合规的时候，很多都只关注关键控制点。我记得刚毕业的时候，在'火车驴拉'工作的那两年，可是不分巨细，所有的控制都要测试。这么看，还是个历史的进步。"

"'火车驴拉'这个名字好别致。"

"妈，您看您净关注没用的，刚才不是还讲了要关注重点控制行为。

PART 2　COSO魔方的威力

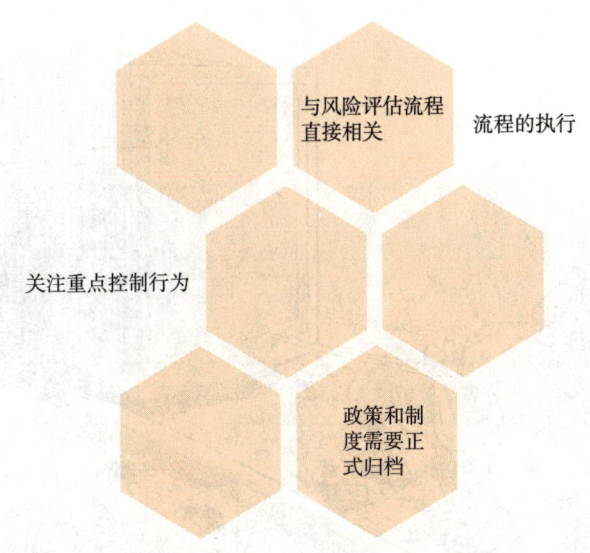

"接下来咱们还得说说什么是控制行为。这个问题又简单又难,我就不让您回答啦。"

"您那意思我还得谢恩啊?为啥又简单又难啊?"

"简单说,相比于COSO框架的其他几个要素,控制行为具化很多,没有那么抽象。您看风险评估,即便我讲了很多,估计您还是摸不着头脑吧?"小熊笑着看看妈妈。

"那只能说明老师失败了。"熊妈妈还配合地叹了一口气。

牛角包一样的会计：风险管理和内部控制

"哈哈，我若是讲了一节课，学生就知道得门儿清，你儿子就该要饭去了。说控制行为难的意思是说，运用之妙存乎一心，里面还是有一些技术含量的，咱们举例子说。

PART 2　COSO魔方的威力

"比方说在采购环节有这么一个控制点,在付款给供应商之前,您觉得企业一般得干点啥?"

"这个我知道,得审批。你来之前凡是付款都找我,一个月能用好几根笔芯。"熊妈妈斩钉截铁地说。

小熊哈哈一笑:"对,审批是后端比较关键的控制点。在高级管理层最终审批之前,企业一般还得做一些控制工作,确保满足两个控制目标:第一,将正确的金额支付给正确的供应商;第二,付款内容的合理性。为了满足这两个目标,咱们一般会设计这么几个控制点。"

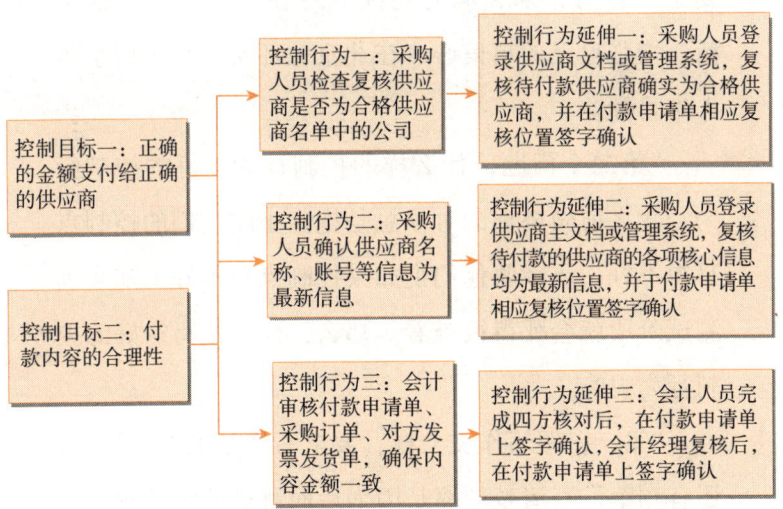

看妈妈在笔记本上记下这些内容后，小熊接着说："上面的例子还说明了另外两个很重要的问题。第一个问题，控制目标和控制行为的对应关系。一个控制目标是否只对应一个控制行为？反过来也一样，是吗？肯定不是的。按照上面的例子，一个目标至少对应了三个控制行为。反过来也一样，'控制行为三'可以同时满足两个控制目标。其实这个问题放在日常生活中也很好回答，比如目标是今年我要挣一百万，那么肯定得规划不止一条路来实现，对吧？比如我苦练股票操作技术，认真复盘，如果通过这样的努力赚到了一百万，那么同时还能满足让家人过上幸福生活、增强自己的自信心、在北京七环买一套一居室等人生目标。

"第二个问题，什么样的控制行为是好的控制行为？我之前做咨询的时候总是抱怨小朋友们的控制点写得不好，还威胁他们说如果控制点写不好，那么到测试阶段就会死得很难看。那么，什么是写得好的控制行为呢？

"第一，跟写作文一样，要求写清楚谁干了什么，还有频率，写清楚频率是因为后面测试的时候频率会

PART 2　COSO魔方的威力

决定抽取的样本量。

"第二，写出来的控制行为要可测，您看前面的例子中，每一个控制行为都有一个延伸控制行为，之所以要延伸着多写一些，就是为了使控制行为可测（关于这一点在 PART 4 还有详述）。

"咱们还是举个例子说吧，我注意到了您困惑的目光。"

"困惑是一方面，主要是困。"熊妈妈顺势打了个哈欠。

"好吧，这么肆无忌惮地侮辱老师还是不常见的。其实，这部分您作为高级管理者简单听听就行，反正具体的测试您也不做。咱们还举刚才的例子，比如控制行为一，采购人员检查复核供应商是否为合格供应商名单中的公司。如果这个控制行为写到这个程度，获得证据证明业务人员已经执行了这个控制是很难的，因为这个控制行为的设计缺乏证据载体。因此，我们将其补充完整，增加证据载体，这样这个控制点就可测了。"

"熊老师，我有一事不明啊，你这样设计了控制，这不相当于又多签了一个字吗？本来平时活儿就多……"

　　"您说得对，控制都是有成本的。我刚才举的例子也是个比较极端的情况，如果企业规模不大，不会要求事无巨细都得做控制设计。这里面有个尺度的问题，需要对应着风险和财务报告的影响进行相应的评估。"

PART 2　COSO魔方的威力

信息与沟通——一名出色审计师的必杀技

"接下来咱们讲讲COSO框架的第四个主要方面——信息与沟通。"说到这里,小熊顿了一下,转身坐在沙发上,舒服地伸了个懒腰,"令郎纵横江湖十几年,微微有些名气。说到心法,无非沟通无碍四个字。"

熊妈妈瞥了小熊一眼,慢吞吞地往前翻了翻笔记:"我知道,你从小就这个特点,穷嚼带臭捯。"

牛角包一样的会计：风险管理和内部控制

"您看人民群众的语言就是生动活泼！倒要请教，怎么叫个穷嚼带臭捯啊？"

"就是有理寸步不让，没理强占三分的意思。我明白你所说的沟通，就是把你的意志强加给别人，再靠你那三寸不烂之舌让对方接受你的意志，对吧？"熊妈妈觉得自己总结得精辟，得意一笑。

小熊刚想反驳，又想了想，忽然觉得妈妈说的倒也有几分道理。

"得，您这开场白一说，我这课怎么讲怎么都像骗人的。在COSO框架中，信息与沟通的关系是这样的，信息为沟通提供基础和源泉，沟通为信息找到管道和方法。信息指代的范围很广，对外披露财务报表，对内呈送管理报表，上下级之间的电子邮件、会议纪要、各种备忘录、各种形式的会议材料，包括内控人员建立企业归档的内控体系的相关资料，这些都是企业的信息。有了这些信息，沟通可以变得更加顺畅。之前我总和公司里的同事们说，什么才是有效的沟通？就是全面有效地吸收别人的信息，完整真诚地交换自己的信息，从而找到共同点和解决方法，这就是有效的沟通。"

PART 2　COSO魔方的威力

"不开玩笑地说,我是无比地赞同啊!现在我去店里的时间少,全靠嘴巴勤快,经常找各个店主管及以上级别的员工聊天和交流,这种沟通的确能提高管理效率。很多时候,我说几句体谅的话,下面的员工就感激涕零地拍着胸脯打保票。所以现在我也要求各个门店的店长要勤说话、多沟通,开会沟通、上班沟通、下班沟通、假期沟通,务必掌握第一手的员工信息。"

"哎呀妈呀,下班和假期还要沟通啊?"

监督——古而有之

"好啦,终于讲到COSO框架的最后一个要素——监督。监督也是一个过程,用来评估控制的设计和执行的有效性。监督按照来源分为内部监督和外部监督。内部监督一般来自企业内部管理层级员工,比如定期的内部审计、离任审计,还比如举报箱或举报邮件。"

"连举报箱都算监督手段啊?这个太黑暗了吧?"

"妈您有所不知,举报也是个手段,其

实就是搭建一条非正式的监督渠道。在日常经营中，当然也会有捕风捉影、冤枉好人的事情，但是正如我说的，控制都是有成本的。具体说到举报手段，您听说过安然事件（the Enron Incident）吗？这个案例咱们后面还要细讲。安然的管理层舞弊就来自自己内部员工的举报，关键线索是由安然主管内部审计的副总裁沃特金斯女士主动提供的。为此，当年《时代》周刊还将她评为十大风云人物。

"接着说内部审计，内部审计是相对来说比较有效的监督形式。按照监管的普遍要求，上市公司都需要有独立的内部审计团队，直接汇报给审计委员会及董事会，职责相对超然独立，保证检查结果客观公正。其实内部审计中国古而有之，清朝的御史可以'风闻奏事'，说错了也不用负责任，为的就是保证其地位的中立和客观。"

"内部审计咱们有啊，现在不是归你管吗？这个工作我一直都挺重视的。"

"归我管就不太正常了！现在咱们还是拟上市公司，不用太较真。如果有朝一日变成上市公司，内部审计还是要归到审计委员会的，名不正则言不顺嘛。"

总结一下，COSO扮演什么角色

"好了，COSO 的五个要素、三个目标都讲完了，咱们可以下课了。"小熊端起手里的纸杯，喝了一口咖啡，被苦得激灵了一下。他最近控制体重，喝咖啡也学老外不放糖，但是怡然自得的表情却伪装不了，凄苦的表情活像被灌了分量十足的汤药。

"这就讲完了？"熊妈妈不相信地翻了翻手里的本子，喃喃自语道，"你就是靠这

PART 2　COSO魔方的威力

点儿东西骗了客户十几年的？"

小熊哈哈一笑："老人家真睿智，本来还想蒙混过关的。好吧，这一章讲完了，咱们来简单回顾一下这一章的内容。这一章咱们主要讲了COSO的五个要素分别是如何在企业内部运营中发挥作用的，互相之间有什么互动的关系。作为总结，有一个问题需要咱们一起思考一下，COSO框架在企业内控体系建设中到底扮演了一个什么样的角色？这个问题我在面试新员工的时候总问，嘿嘿，没有一个答对的。遇上有个性的，不管三七二十一地给我背COSO的五要素，让我无可奈何。"

"完了，我差点儿脱口而出COSO在内控体系建设中扮演了很重要的角色。"

"好吧……这个问题我是这么看的，如果打个比方，COSO更像是Windows操作系统，它提供界面和平台，从各个方面支撑软件和硬件的运行。在一个健康的操作系统下，企业可以有序运营、健康成长。如果操作系统的哪个方面出了问题，干不了活、看不了片还是小事，搞不好电脑也要崩溃。"

"这个比方打得好。儿子啊，我发现你很会打比方啊!"

小熊不好意思地挠挠头:"这也是没办法,有的学生太笨,不打比方就讲不明白。"

PART 3

名满天下，谤亦随之——
《萨班斯法案》

PART 3 名满天下，谤亦随之——《萨班斯法案》

万事皆有因果——安然及世通

"内控这个话题我国在20世纪80年代就曾论及，但当时内控还只是一个相对边缘的学科，企业人治的情况严重，加上监管的要求也是形式大于实质，所以风险和控制的观念、方法论推广得非常不理想。内控真正在我国活跃起来还得感谢2002年《萨班斯法案》的出台。法案颁布之后，大部分在美国上市的跨国公司及500强企业作为加速申报人都要求限时凛遵，导致这些公司在中国的被纳入内控实施范围的子公司也必须抓紧时间积极遵循,间接地培养了一批专业内控人士,令郎恰巧也幸运地成为其中一员。"小熊伸出筷子,夹起一块鸡肉慢慢放进嘴里,脸上还绽放出满意的笑容。

小熊最近迷上了一部叫作《孤独的美食家》的日本短剧,主要讲的是一位呆萌白领大叔在不同的小饭馆里吃饭的故事,情节的展开主要通过大叔丰富的表情、以感叹词为主导的内心独白和强劲的咀嚼肌来体现。大叔吃的大多是街边小店的盖浇饭,所以也可以叫作《孤独的盖浇饭美食家》。但是小熊看了大为赞赏,觉得这样举轻若重的生活态度很值得学习,所以现在吃点什么都得嚼半天,有时还摇头晃脑地显得很陶醉,也不知道是否还有内心独白做伴奏。

熊妈妈凑趣地给小熊的盘子里又夹了一块肉:"你是想让我夸你两句吗?"

小熊哈哈一笑,放下筷子:"不敢不敢,我就是说说我和萨班斯的渊源,这样我继续讲下去您才更有信心嘛。咱们接着说《萨班斯法案》的故事。

"2000年和2001年是美国资本市场的多事之秋,陆续有几家规模庞大的上市公司被曝光财务舞弊和造

PART 3　名满天下，谤亦随之——《萨班斯法案》

假，其中引起轰动最大的是安然公司。安然在 1985 年由两家区域性的天然气公司合并而成，其后企业整合得很好，发展进入了快车道。20 世纪 90 年代的十年间，安然公司的销售额从 59 亿美元上升到 1008 亿美元，净利润从 2.02 亿美元上升到 9.79 亿美元。2000 年 8 月，安然公司的股票每股高达 90.56 美元。美国资本市场相当现实，公司发展好，会非常直接地反映在股价上。其间业绩翻了两番，还是很了不起的。生意做得风生水起，人就容易膨胀和贪婪起来。

"妈，说到这儿，有一点儿个人感想和您分享。我们去年集中做了好多单并购项目，都是代表买方去卖方公司进行尽职调查，好几个案子的结果都惊人地相似。企业老板本身很有想法、很有思路、很聪明，都是长袖善舞的人尖儿，这些企业都曾有快速发展的黄金时代，生意做得好了，人也变得贪心了，想做的事情越来越多。结果本身盈利、产生现金流的企业不停地为不盈利、消耗现金流的企业埋单。最后，之前做得好的企业也被拖累，企业家每天醒了就要闪躲腾挪那点儿资金，其间东拼西凑的窘迫就不要提了，不得已只能把自己的企业贱卖出去。我还记得当时跟买方开现场协调会时,说得最多的一句话就是'这个企业缺钱,很缺钱'。所以啊,盛时思衰,未雨绸缪,广积粮,缓称王,真的是每个中国企业家都需要铭记的格言。"

"儿子,你说得太对了,还记得之前我想买上游的相关企业吗?比如奶油厂、鸡蛋厂、面粉厂,现在想起来真是后怕啊!咱们没有那个本事吃下这么多跨行业的供应商,要资金没资金,要经验没经验,要是当年真的犯了这个错误,估计你妈还得回家做饭去。"

"就是就是,人这一辈子贵在自知,还是做好一件最擅长的事吧。围棋大师吴清源之前总说的'搏二兔,不得一兔'也是这个意思。话说安然生意做大了,胆子也就越来越大了。因为摊子铺开了,所以他们设立了许多相关联的公司,开始了财务造假之旅。简单地说,就是利用准则的漏洞,把负债尽量拿出来,放到有关联关系但是达不到合并报表条件的公司中去。这样一来,安然自己的报表越来越好看,但实际情况并非如此。纸里包不住火,大厦终于倒塌了,90美元的股票最终跌到0.61美元。2002年1月15日,

PART 3　名满天下，谤亦随之——《萨班斯法案》

纽约证券交易所正式宣布，由于安然公司股票交易价格在过去 30 个交易日中持续低于 1 美元，根据有关规定将安然公司股票从道·琼斯工业平均指数成分股中除名，并停止有关安然股票的交易，安然大厦在一夕之间崩塌。安然公司的造假过程离不开审计师的被动协助，同样名满天下的安达信会计师事务所在情急之下又出昏招，烧了安然公司的审计底稿。这一举动不容于监管机构和民众，安达信最终被美国司法部判定有罪，一代天骄，黯然离场，下场令人感慨。安然和安达信事件并称为'双安事件'，乃是当年令人闻之色变的大案子。"

小熊又小小地抿了一口酒："妈，那天我还长了个学问，之前喝惯了的浓香型白酒，好多都是化学品勾兑的。只有酱香型的白酒才是纯粮大曲酿造的，但是酱香型的真是喝不下去啊！"

熊妈妈好像还没回过神儿来，反应了一下，才"啊"了一声，一边帮小熊盛了饭一边说："别管啥粮酿造的酒都得少喝。你看你来了酥园，连应酬都不需要了，多好！不像你原来做咨询，中午喝完晚上喝。"

"妈，有一次我喝多了，翻江倒海之际，忽然灵

牛角包一样的会计：风险管理和内部控制

光一闪，有个人生感悟。您说人是多么奇怪的动物，几百块的酒，上千块的山珍海味，吃下去喝下去然后再吐出来。这还不算，还要难受得像坐过山车一样，这是有多和自己过不去啊。"

"没文化呗，瞎折腾呗，想不开呗。"

"好吧，您总结得好直接，咱们接着说内控。2002年4月，安然事件发生不久后，又有一家世界级的公司出事了，世通公司（WorldCom）被爆出涉及110亿美元的财务欺诈案。世通在电信通信行业大名鼎鼎，是仅次于AT&T（美国电话电报公司）的世界第二大长途电话公司。此次世通公司曝光的财务报表造假，主要集中在销售收入的虚假确认，以及将大量应该计入当期损益的费用资本化，从而导致其财务报表严重偏离真实。随后，SEC（美国证券交易委员会）指控世通财务欺诈、财务造假38.5亿美元，并对世通提出起诉。2002年7月，世通公司宣布破产保护，成为截至当时全美最大的破产案。公司的股价从峰值的60多美元跌到3美分。基于上述两桩滔天大案，美国国会在2002年夏天出台了《萨班斯法案》，企业的公司治理和内部控制进入新时代。"

PART 3　名满天下,谤亦随之——《萨班斯法案》

《萨班斯法案》的出台

"美国民众大体还是比较简单快乐的,愿意相信真善美。您看美国电影即便是恐怖片,出来的怪兽也是蠢萌系的比较多,很少有心理黑暗、让人害怕到骨子里的那种。所以安然与世通这样人心叵测、蓄意为之的丑闻一曝光,美国民众都崩溃了,觉得价值观受到了天翻地覆的挑战。但民众还是找到了积极的宣泄口,比如向自己选区的议员施压,那么他们总得做点什么。众议院首先举行了多次听证会,讨论这种很具有

牛角包一样的会计：风险管理和内部控制

代表性的重大财务欺诈案的应对措施。其间的唇枪舌剑和利益平衡就不说了，最后由参议院银行委员会主席萨班斯（Paul Sarbanes）和众议院金融服务委员会（Committee on Financial Services）主席奥克斯利（Mike Oxley）联合提出了《2002年公众公司会计改革和投资者保护法案》，这两位大佬在参众两院都是重量级人物，由此可见政府对此事的重视。在血缘的传承上，之前对美国资本市场起到监管作用的还是《1933年证券法》《1934年证券交易法》两部老爷爷级别的法案，《萨班斯法案》算是一种继承和发展，对之前旧法案中的公司治理、会计职业监管、证券市场监管等方面做出了许多新的规定。《萨班斯法案》由时任美国总统小布什签署，他在随后的新闻发布会上称这是自罗斯福总统以来对美国商业界影响最为深远的改革法案。真是岁月如梭啊！2002年7月，那个时候我还是个青涩的小伙，还是年轻的D记审计师，每天都西装革履、乐呵呵地坐着公交车或骑自行车到国际大厦'搬砖'。"

"D记听上去很像建材公司的招牌啊。"熊妈妈补充道。

PART 3　名满天下，谤亦随之——《萨班斯法案》

"哈哈，您别当真，我就这么一说，当时上班公司的英文开头字母是 D，所以叫 D 记，都是些开玩笑的非正式叫法。"

"那你熊总的咨询公司可以叫 X（熊）记，听上去威风不说，还透着一股子神秘感。"

"对啊，以后我麾下的诸位同人都叫 X 战警，专招变种人。"

"一帮变种人给人家做财务咨询？这样的配置倒是很拉风。"

"对，万一哪家企业账做得太差，我就请那个会喷火的把账本都烧掉，再请风暴女一个雷把老板劈倒。"

"……"

PART 3 名满天下,谤亦随之——《萨班斯法案》

天下谁人不识君——404条款

"《萨班斯法案》是厚厚的一本,作为企业家不需要都熟悉了解。"小熊顿了一下,"事实上,您只要了解三个条款就可以,它们分别是第302条款、第404条款和第906条款。"

"先说404条款,这个条款很短,但是微言大义,把众多美国上市公司折腾得七荤八素的也就是这200多字,火车驴拉公司就

PART 3　名满天下，谤亦随之——《萨班斯法案》

是第一批遵循《萨班斯法案》的加速申报人公司。（简单地说，加速申报人为市值在7,500万美元以上的发行人，在季度报告和年度报告的时间点上，有从高从快的要求。）面对这200多字，我估计火车驴拉的内心也是万马奔腾，所以我记得那个时候global team（意指'全球团队'）动不动就要给我们开会统一思想，顺便传帮带，基本上属于摸着石头过河。我抄录了404条款的原文，然后我再解释一下。"

第404节　管理层对内部控制的评价

（a）内部控制方面的要求——SEC应当相应地规定，要求按《1934年证券交易法》第13节（a）或15节（d）编制的年度报告中包括内部控制报告，包括：

（1）强调公司管理层建立和维护内部控制系统及相应控制程序充分有效的责任；

（2）发行人管理层最近财政年度末对内部控制体系及控制程序有效性的评价；

（b）内部控制评价报告——对于本节（a）中要求的管理层对内部控制的评价，担任公司年报审计的

牛角包一样的会计：风险管理和内部控制

会计公司应当对其进行测试和评价，并出具评价报告。上述评价和报告应当遵循委员会发布或认可的准则。上述评价过程不应当作为一项单独的业务。

"我选择的这个翻译版本已经是比较官方、比较正式的版本了，但是读起来还是很拗口。我通俗地跟您解释一下，404条款分成（a）和（b）两个子条款。（a）条款主要强调的是公司管理层的责任，这个责任分两个层次：第一个层次，作为高级管理层，有责任建立和维护一个有效的内控体系；第二个层次，在最近的年度报告中，应该翔实记述企业在内控系统搭建方面做了哪些工作，管理层是否有信心认为自己的内控系统是有效的，可以保证高质量的财务信息。在年报中一般会有一个章节是关于内控（control and procedure）的，法案要求企业管理层在这个章节详细地描述一下企业内部控制体系搭建的过程和管理层对已搭建起来的内控体系的有效性评价。我们之前的很多客户，其实在聘请我们协助企业搭建内控体系之前，自己是没有做过任何工作的。企业在日常运营

PART 3　名满天下，谤亦随之——《萨班斯法案》

中，可能有一些自发的控制，但是一不成体系，二没有经过测试验证其执行的有效性。在这样的情况下，企业所得出的内控有效性结论是不妥当的。如果较真地说，是缺乏过程的过度乐观结果，是不符合法案要求的。"

熊妈妈听得很认真，此时举起手道："我有个问题，这个工作是企业自己做，还是需要请外援做？"

"这个问题需要看具体的情况。一般而言，那些超级大公司、指标股公司都会有自己的内控团队，团队成员基本都是四大会计师事务所出身的，他们有这个力量自己做。但是更多的中小企业，也就是我们的目标客户群体，他们出于成本的考虑，不会专门养一个团队做内控，一般都会从外面请顾问来协助他们完成。"

"这太好了，咱们不需要请顾问了，你原来的团队可以重操旧业，顺便帮咱们做了。"熊妈妈表示很开心。

"妈，作为资本家，您想节约成本的想法我是赞同的，但也得适度，不然容易过度呀！我带来的团队现在都布局在公司财务，您看咱们财务这一大摊子，

牛角包一样的会计：风险管理和内部控制

成本、预算、系统、日常核算，加上月度季度报表，全得靠这些孩子顶上。之前您招的那些财务人员，实在是有点那个了……我好不容易把财务这部分理顺了，再让他们分心两用，这样不会有效率的。此外，内控体系的搭建需要客观独立，遵循《萨班斯法案》可以搭建与财务直接相关的控制体系。如果具体工作都由财务部的同事兼任了，就违反了职责分离的基本控制理念。咱们这样吧，我考虑了两个选择：第一，咱们单独成立一个小团队，人不需要太多，3~4位就行，我可以从财务抽调1~2位，再从外面招1~2位，这个小团队的职责就是《萨班斯法案》的合规及相关业务流程的优化与提升；第二，直接外包，从我之前合作过的事务所或咨询公司中选择一家性价比高的外包，咱们也省心了。"

"我觉得吧，咱们还是自力更生好。之前你做咨询公司的时候我也总琢磨这件事，你们总是打一枪换一个地方做项目，对企业能了解多少？短短几天，你们真的能了解得比企业内部人员还要深刻？还能提出专业意见？"

"您这个观点也对也不对。咨询行业最宝贵的还

PART 3　名满天下，谤亦随之——《萨班斯法案》

是实务经验，一般的企业，我就财务方向花 1~2 天的时间，的确可以看个七七八八，这个和在企业待多长时间没有很大关系。您到医院看门诊，大夫接待病人的时间也不过几分钟，也没听说还得让大夫跟着病人回家住几天的。但是从另外一个角度说，这其实也是我近几年的一点儿从业感想。咨询行业的发展方向的确应该更加深入到企业中去，更深刻地理解企业的需求，这样提供的咨询服务才有价值。如果只是浮光掠影走一圈，企业往往也是为了合规的目的才请顾问来的。那么于顾问而言，体现不出应有的价值，收费也缺乏主动性；于企业而言，纯粹是为了应付合规的要求，看不到咨询顾问的内在价值。当然啦，目前国内市场普遍对咨询顾问的价值认知不够，即便是深挖客户需求，费用也不一定能涨上去。"小熊的言语间透露着些许无奈，不由得开始追忆起往事。

熊妈妈发现小熊神游，便拍了小熊一下，小熊这才回过神来接着说道："咱们接着说法案，刚才说了 404 条款中的（a）条款，现在咱们接着说（b）条款。如果说（a）条款规范的是企业的责任，那么（b）条款则是加诸审计师身上的责任。根据（b）条款的要求,如果企业市值达到了一定的规模,则审计师在年度审计的同时也需要对企业的内控发表意见,出具一个专门的内控审计报告。我给您找了一个,我们简单地了解一下。"

PART 3　名满天下，谤亦随之——《萨班斯法案》

> **小熊链接**
>
> Audit report on internal control over financial report
>
> （与财务报告相关的内部控制的审计报告）
>
> We have audited the internal control over financial reporting of A Group Plc and subsidiaries and applicable joint ventures（the "Group"）as of 31 March 2013, based on criteria established in Internal Control–Integrated Framework issued by the Committee of Sponsoring Organizations of the Treadway Commission.
>
> 这里点明使用的内控框架乃是COSO框架。SEC和PCAOB（美国公众公司会计监督委员会）其实并不强制企业采用其他的内控框架，比如英国的Combine Code（公司治理联合准则），或者加拿大的CoCo框架[1]。如果上市公司采用了非COSO框架，则需解释他们所采用的内控框架为何优于COSO。因此，除非特

---

[1] 1992年加拿大特许会计师协会（CICA）成立了控制基准委员会（The Canadian Criteria of Control Board，简称COCO委员会），该委员会的使命是发布有关内部控制系统设计、评估和报告的指导性文件。

别有个性又不怕麻烦的企业，大多企业均采用COSO框架。

As described in management's report on internal control over financial reporting, management excluded from its assessment the internal control over financial reporting at B, which became a subsidiary during the year and which accounted for £***million of total assets, £*** million of net assets, £*** million of revenue and £*** million of loss for the financial year of the consolidated financial statements amounts as of and for the year ended 31 March 2013.

此处说管理层做完了（a）条款，在发表内控是否有效的意见时，需要考虑纳入本年度的内控管理范围。如果是刚刚收购进来的子公司，暂时不披露内控情况的，则需要清楚说明该企业的内控体系尚未纳入本公司的内控体系中进行搭建、测试与管理。

Accordingly our audit did not include the internal control over financial reporting at B.

PART 3　名满天下，谤亦随之——《萨班斯法案》

The Group's management is responsible for maintaining effective internal control over financial reporting and for its assessment of the effectiveness of internal control over financial reporting, included in the accompanying management's report on internal control over financial reporting.

这里是说管理层的责任是建立和维护有效的内控系统，此处为（a）条款的规定。

Our responsibility is to express an opinion on the Group's internal control over financial reporting based on our audit. We conducted our audit in accordance with the standards of the Public Company Accounting Oversight Board (United States).

此处为（b）条款的规定，谈的是审计师的责任。内控审计的执行依照的是公众公司会计监督委员会出台的审计准则（PCAOB）。

Those standards require that we plan and perform the audit to obtain reasonable assurance.

与财务报表的审计报告一致,都是合理保证。合理保证是有尺度的保证,有条件的保证,不是无原则的打保票。

About whether effective internal control over financial reporting was maintained in all material respects.

强调的是在所有"重大方面"。

Our audit included obtaining an understanding of internal control over financial reporting, assessing the risk that a material weakness exists, testing and evaluating the design and operating effectiveness of internal control based on the assessed risk, and performing such other procedures as we considered necessary in the circumstances. We believe that our audit provides a reasonable basis for our opinion.

此处谈的是内控审计的方法论,这些细节将在本书的最后章节进行讨论。

A company's internal control over financial reporting is a process designed by, or under the

PART 3　名满天下，谤亦随之——《萨班斯法案》

supervision of, the company's principal executive and principal financial officers, or persons performing similar functions, and effected by the company's board of directors, management, and other personnel to provide reasonable assurance regarding the reliability of financial reporting and the preparation of financial statements for external purposes in accordance with generally accepted accounting principles.

这里是指控制的基本概念是一个过程，由几方面共同施力，确保财务报表信息的合理准确性和可靠性。

A company's internal control over financial reporting includes those policies and procedures that (1) pertain to the maintenance of records that, in reasonable detail, accurately and fairly reflect the transactions and dispositions of the assets of the company; (2) provide reasonable assurance that transactions are recorded as necessary to permit preparation of financial statements in accordance with generally accepted accounting principles, and that receipts and expenditures of the company are being made only in accordance with authorisations of management and directors of the company; and (3) provide reasonable assurance regarding prevention or timely detection of unauthorised acquisition, use, or disposition of the company's assets that could have a material effect on the financial statements.

此处谈的是与财务报表有关的内控体系建立的目的与意义，这里面有两个术语需要详细解释一下。如果就控制发生的时点，一般区分为事前控制（preventive control）和事后控制（detective control），事前控制和事后控制也译为预防性控制和检查性控制。我们可以举个例子来说明这两个控制类型的区别，比如酥园要买一台电脑，那么在实施采购之前公司所进行的采购申请的审核与授权、供应商的比价与选择、验收入库的检查，基本上都可以算是预防性控制。后续付款的申请与审批，固定资产的

PART 3　名满天下，谤亦随之——《萨班斯法案》

定期盘点，盘盈盘亏的授权审核，大致可以算作检查性控制。

Because of the inherent limitations of internal control over financial reporting, including the possibility of collusion or improper management override of controls, material misstatements due to error or fraud may not be prevented or detected on a timely basis. Also, projections of any evaluation of the effectiveness of the internal control over financial reporting to future periods are subject to the risk that the controls may become inadequate because of changes in conditions, or that the degree of compliance with the policies or procedures may deteriorate.

这一段把丑话说在前面，指即便是再严密的检查程序，再努力发挥主观能动性，重大的财务报告错漏还是未被发现。这都是为什么呢？第一，存在管理层凌驾的问题，管理层凌驾咱们之前讲过。设计得再精密的控制系统如果遇到管理层凌驾，也会变得不堪一击，因为企业

牛角包一样的会计：风险管理和内部控制

的终极控制在最高管理层，管理层凌驾这种情况在中国的公司群体尤为常见。第二，执行控制的环境和条件发生了变化，导致原有的控制不够充分有效。控制不是一个时点的动作，而是一个过程，更准确地说是一个不断变化的过程。因为企业的战略在变，外部大环境在变，管理思路在变，微观地说，业务流程在变，信息系统在变，甚至操作系统的人也在变，因此要求企业定期对自己已经搭建的内控系统做再检讨，及时发现由于上述变化导致的控制的失效或失力，及时更新或优化流程及控制。

In our opinion, the Group maintained, in all material respects, effective internal control over financial reporting as of 31 March 2013, based on the criteria established in Internal Control-Integrated Framework issued by the Committee of Sponsoring Organizations of the Treadway Commission. We have also audited, in accordance with the standards of the Public Company Accounting Oversight Board (United

PART 3 名满天下，谤亦随之——《萨班斯法案》

States), the consolidated financial statements of the Group as of and for the year ended 31 March 2013 prepared in conformity with International Financial Reporting Standards (IFRS) as adopted by the European Union and IFRS as issued be the International Accounting Standards Board. Our report dated 21 May 2013 expressed an unqualified opinion on those financial statements.

最后是意见段，表明审计师的态度。咱们在此举的例子，都是企业内控有效的例子。在实务中，我也见过许多审计师判断内控系统无效的例子，那么接下来还需要相应的篇幅来明确说明企业内控系统存在哪些重大缺陷。在这里有个定义先解释一下。一般而言，影响审计师对内控意见的缺陷可分为三个大的层级：一个叫作 deficiency（缺陷），一个叫作 significant deficiency（严重缺陷），还有一个叫作 material weakness（重大缺陷）。三者存在程度递进的关系，严重的 deficiency 叫作 significant deficiency，很多个 significant deficiencies 或很严重的 significant

牛角包一样的会计：风险管理和内部控制

deficiency　　significant　　material
（缺陷）　　deficiency　　weakness
　　　　　（严重缺陷）　（重大缺陷）

PART 3　名满天下，谤亦随之——《萨班斯法案》

deficiency，就是 material weakness。按照 PCAOB 的规定，审计师如果发现一个 material weakness，就可以直接判定该企业的内控失效。之前我遇到很多这样的情况，审计师一旦出具了内控无效的审计报告，企业家就会很愤怒，觉得无法理解。我倒是觉得这个问题应该冷静一点儿面对。中国企业在合规方面一般都不太有主动性，不愿意把功课做在平时，但是又不愿意接受不好的结果，所以很多企业在面对内控审计时，都显得比较被动。

"在2012年之前，证监会有这样的规定，如果企业目前财年的第二季度的最后一个收盘日的流通市值低于7,500万美元，是暂时不需要遵循404（b）条款的，也就是说不需要接受审计师关于内部控制的审计。2012年4月，美国为了鼓励中小型上市公司的发展，出台了《乔布斯法案》（Jumpstart Our Business Startups Act，简称 JOBSACT，这个法案与苹果创始人乔布斯无关）。法案出自这样的背景：如果我们把美国资本市场比作一个菜市场，那么里面既有横跨好几个摊位的大商贩,也有只卖煎饼的小商贩。但是从上市合规成本的角度看,卖煎饼的和卖蔬菜水果的相差并不很大。在很多小企业中,上市成本和融资成本成为阻碍其快速发展的现实困难,而《乔布斯法案》可以看作是一部为这些小摊贩松绑减负的法律。《乔布斯法案》授予合格的中小企业一个光荣称号 EGC(即发展阶段的成长型公司,Emerging Growth Companies,简称 EGC),只要满足一系列条件的 EGC,在上市程序上会大力简化,在信息披露的要求上,也会给予相应力度的松绑。就内控的要求而言,如果获得这个光荣称号,那么暂时不需要遵循404(b)条款的要求。"

《乔布斯法案》对 EGC 的定义是在最近一个财政年度的总收入不超过10亿美元的公司。公司可以保持 EGC 资格,直到满足下面任何一个条件时,视为 EGC 资格的丧失:

(1)公司年收入超过10亿美元后的第一个财政年度;

(2)公司实施 IPO 五周年后的第一个财政年度;

PART 3　名满天下，谤亦随之——《萨班斯法案》

（3）公司在之前三年发行了超过10亿美元的非可转债；

（4）公司符合"large accelerated filer（公司在过去的一年中公开发行的股权价值的变动幅度超过7亿美元）"。

"按你这么一说，咱们也就是个中小型企业啊。"熊妈妈愣了一下，神色间有点失落。

"哈哈，我的妈呀，我一直不知道您平静的外表下还有这么汹涌的思潮啊。咱们当然是中小企业啦，您不能光跟一块儿奋斗的那几个老哥比，村里运动会的冠军到了奥运会可能要到奥运村当志愿者啦。而且，中小企业多好啊，我就喜欢中小企业，成本可控，系统灵活，随时可以掉头换方向。"

"不过我想了，即使咱们小，不需要审计师审计内控，咱们也要把基础打好，不能得过且过。"

"妈，我给您这句话点个赞。之前我接触过很多在美国上市的中国公司，大多是中小型企业。说句让您宽心的话，好多企业还不如咱们，业绩不行、

牛角包一样的会计：风险管理和内部控制

成长性不行、团队不行，只不过当时赶上那么一股风潮，被一些资本掮客忽悠着跑到美国上市，估计上市的时候都没搞清楚自己为什么要上市。这些企业家对待内控的态度大多都是审计师如果不审计，那么企业也不急着做，能省一点儿算一点儿，可拖一天算一天。其实是他们不懂得咨询的价值所在，换一双眼睛，换一个视角，可以看出很多企业家看不到的地方。很多人可能会觉得《萨班斯法案》是一个合规工作，是文档收集和整理的工作，对企业运营价值不大，但是我现在越来越觉得，很多企业缺乏这样一个自我梳理和认知的过程。很多企业在发展初期，业务发展的势头都不错，但是一直缺少回头看的机会，很多业务发展中的风险没注意到或注意力不够，一旦集中爆发，结果往往出人意料。中国民营企业往往赋予了企业家太大的权限，这在某种程度上也是最大的风险所在。"

"这里我倒要请教了，你们之前做的那些内控咨询项目能解决管理层凌驾的问题吗？"

"说实话够呛，我们做的好比是一次普法教育，未必能解决根本问题，但至少是一个宣传贯彻过程，

PART 3　名满天下，谤亦随之——《萨班斯法案》

这样也可以让企业始终保持一颗敬畏之心。君子有所为有所不为嘛，我也常常跟他们这么讲，事情的确要做，但是安全始终第一。"

不分伯仲——302条款和906条款

熊妈妈推开小熊办公室的时候,小熊正对着一位年轻姑娘发脾气:"你这个报告写得不用心,态度不对,字里行间每一个标点符号都告诉我你没动脑子。跟你讲过多少遍了,能力水平我可以放在第二位,但态度永远是第一位。你好歹也算专业人员出身,想没想过,这么干活,是糊弄我还是糊弄你自己?"那姑娘垂首不语,小脸憋得通红,眼

PART 3 名满天下,谤亦随之——《萨班斯法案》

看着就要哭出来了。

小熊抬头看了熊妈妈一眼,又看了那姑娘一眼,说道:"好了,话说三遍淡如水,你先回去吧。这件事儿还没完,以昨天你开始做的为起点,全部重做,做完了打印出来拿给我看。"说完,那个小姑娘垂头丧气地走出去,临出门时对着熊妈妈嘀咕了一句,"董事长好",随手把门带上了。

熊妈妈看小熊还是一脸怒气,开玩笑道:"我儿子还挺厉害,每个标点符号都能告诉你她没用心。"

小熊本来板着脸,但想想妈妈的话,还是笑了,说道:"您不知道有多气人,收入加了两遍,工作底稿都是设了公式的,连检查都不检查就交到我这儿,这不是等着挨削吗?"

"我觉得要求严格点儿是对的,不过也别真生气,看把我儿子气的,还得给我上课呢。"熊妈妈不客气地一屁股坐下,摊开笔记本,戴上了老花镜。

"妈呀,我这还余怒未消呢,严重影响上课情绪。要不我今天请个假吧,现在我带着怒气给您讲,越讲越生气怎么办啊?"

"胡说八道,我又没犯错误,你凭啥越讲越生气啊!这样吧,看你今天这个状态,讲5块钱的吧。"

小熊无奈地点点头:"您真是我亲妈。昨天咱们只是从法案如何规定的角度讲了404条款,至于404条款的工作如何开展,我们后面还有长篇大论。我们今天讲讲同样重要的另外两个条款,302条款和906条款。"

PART 3 名满天下,谤亦随之——《萨班斯法案》

第302节 公司对财务报告的责任

(a)对制定规章的要求——SEC应颁布规定,对于按照1934年的证券交易法的13(a)或15(d)部分编制定期报告的公司,应要求这些公司的首要官员(们)及首要财务官(们)(或担任同等职务的人员)在每一年度报告或季度报告中保证如下内容:

(1)签字的官员已审阅过该报告。

(2)该官员认为报告中不存在重大的错报、漏报。

(3)该官员认为报告中的会计报表及其他财务信息在所有重大方面,公允地反映了公司在该报告期末的财务状况及该报告期内的经营成果。

(4)签字官员:

(A)对建立及保持内部控制负责。

(B)设计了所需的内部控制,以保证这些官员能知道该公司及其并表子公司的所有重大信息,尤其是报告期内的重大信息。

(C)评价公司的内部控制在签署报告前90天内的有效性。

(D)在该定期报告中发布他们上述评价的结论。

(5)签字官员已向公司的审计师及董事会下属

的审计委员会（或担任同等职务的人员）披露了如下内容：

（A）内部控制的设计或执行中，对公司记录、处理、汇总及编报财务数据的功能产生负面影响的所有重大缺陷。以及向公司的审计师指出内部控制的重大缺点。

（B）在内部控制中担任重要职位的管理人员或其他雇员的欺诈行为，而不论该行为的影响是否重大。

（6）签字官员应在报告中指明在他们对内部控制评价之后，内部控制是否发生了重大变化，或是其他可能对内部控制产生重要影响的因素，包括对内部控制的重大缺陷或重要缺点的更正措施。

"虽然302条款看上去比404条款复杂，但实际上表达的意思简单得多。《萨班斯法案》本身的逻辑在于，企业有责任建立完善有效的内控系统。企业的高级管理层，比如您和我，我们的责任在于确保企业已经建立了这样的内控系统，并且确认对外披露的财

PART 3　名满天下，谤亦随之——《萨班斯法案》

务报告中的信息是真实准确完整的。如果事后出问题了，咱娘俩一起吃瓜落儿（老北京话，吃亏），就这么简单。"

"那么我有一个问题，全国各地有那么多的店，那么多的员工，就你我两个人怎么可能保证所有财务信息都是真实准确完整的啊？这个要求有点难为人吧？"

"这也不能说美国人不讲道理，其实这个法条表达的是两层意思。首先，企业分支庞大，情况多变，需要建立整齐划一的内控体系抓重点流程，抓关键控制，防范重大风险；其次，把具体责任落实到企业家身上，至少可以有效降低企业家主动舞弊的风险，在犯错误之前怎么也得平衡一下划算不划算，对吧？"

"道理归道理，这个规定可让人不太舒服，这不是摆明不相信人吗？"

小熊嘻嘻一笑："您且息怒，这个问题我这么看。美国人还是比较看重自觉性的，您看和证券相关的法律，自从《1933年证券法》和《1934年证券交易法》出台，在法规监管层面一直都没就内控问题做出如此深入的讨论和如此严厉的规定。他们这次也受到了深深的伤害,伤心了,知道世道不好,人心不古,得用重典。如果惩处只落在企业层面而不责任到人,那么这样的措施很难真正落实到执行层面。前几年我做了很多中国上市企业的内控项目,内容和方法基本源于《萨班斯法案》,我们开入场会,得开门见山对企业提要求,说清楚内控项目是'一把手'工程。如果项目打算取得成效、顺利推进,那么高级管理层,特别是 CEO 层面,一定要深刻理解并全力支持。这么看,美国人把责任落实到 CEO 和 CFO 身上,的确是很聪明的做法。此外,中国企业和美国企业的实际情况不太一样,中国企业的信息系统环境差,运营层面还有可能发挥点负面的主观能动性,但是美国企业信息系统应用程度很高,基层运营人员是一颗螺丝钉,就算主观想做恶,客观上也不具备条件。因此,能够产生舞弊的一般都还在高级管理层。这么解释,算说明白了吧?"

之前,小熊做一家企业的内控项目,在做初步访谈了解企业控制环境时,企业 CFO 很骄傲地宣称他们用了三个信息系统。小熊听了大表佩服,因为还没有哪家企业是同时使用三个信息系统的。后来经过了

PART 3　名满天下，谤亦随之——《萨班斯法案》

解才知道，这三个信息系统分别是金蝶、用友和浪潮，其实就是三个软件的单机版，彼此功能独立不说，还经常给对方下绊子。这其实是大部分中国民营企业信息系统环境的真实写照。

"嗯，那具体都是什么责任呢？搞个企业还得担惊受怕的。"熊妈妈不由得嘀咕了一句。

"您关心的是906条款的规定，906条款和302条款属于一部立法的两个层面：如果违反了302条款，那么需要承担的是民事处罚；如果违反了906条款，则需要接受司法部的刑事处罚。根据906条款，如果CEO和CFO知道企业财务报告没有满足真实完整准确的要求就签字了，那么可能被罚款100万美元及被判10年监禁。如果CEO和CFO知道企业的财务报告没有满足真实完整准确的要求而蓄意签字，则可能被罚款500万美元及被判20年监禁，两个层次刑罚的区别在于是否蓄意。20年监禁在美国算是很重的量刑了，据我所知，二级谋杀也不过判20年。"

"我的妈呀，做点小生意风险还这么高？以后所有需要签字的都由你来签，你妈我害怕。"

"这是亲妈说的话吗？我签也是写CFO代CEO

签，哈哈……"

"玩笑归玩笑，打铁还需自身硬。咱们光明正大做生意，不搞蝇营狗苟，就算人家要求得再严格，咱们也应该积极面对。"

"啧啧，有这样觉悟的才是中国企业家的代表，可能我之前见多了蝇营狗苟，很多时候对咱们的企业家不是很有信心，其实这也是我做咨询这么多年越做越困惑之处。我之前接触的客户有许多共性，比如聪明、学习能力强、机遇好，但是同时也现实、急躁、缺乏情怀。"

"可能也是创业维艰吧，所以很多时候需要企业家自己平衡内心、调整方向，都不容易啊！"熊妈妈感叹了一句。

"您当时仅仅是想找件事别闲着，谁知道天将降大任于您呢！"

"是啊，真是应了那句话，本是自娱自乐，谁料想弄假成真。"

PART 4

九转艰难下北城——
如何完成一次完整
的萨班斯合规项目

PART 4　九转艰难下北城——如何完成一次完整的萨班斯合规项目

谋定而后动——Scoping

熊市的天气一向很有个性，大体概括起来就是一年无春秋，四季不分明。前几天明明还是需要穿短袖的夏日，几场秋雨下来，恨不得马上穿羽绒服。在小熊的记忆中，熊市的天气不应该是这样的。那个年代的这个月份，正是这个城市最美的季节，天高高的特别蓝，云有一丝没一丝地飘在天上，偶尔飞过一排鸽子，渐行渐远，哨声悠扬。小熊非常着迷于这样的画面，每次不管在哪里，都会停下脚步，抬起头。此时阳光明媚，只能眯起眼睛，深深地吸一口气，连空气里都

牛角包一样的会计：风险管理和内部控制

带着甜甜的香味儿。

小熊快步走进楼里的时候，浑身带着森森的冷气，他没有犹豫，直接走进大堂的咖啡店买了一杯拿铁。还有点烫嘴的咖啡一口下去，小熊的身子马上暖和起来。

整个上午，小熊都很忙，接连见了几个券商，觉得都不是很靠谱。规模太大的吧，对酥园这样体量的企业不是很感兴趣，虽然也都应邀前来，但言谈话语之间都透着些许傲气。中小型企业吧，现在做中国企业的券商本来就少，有些倒是身段灵活、长袖善舞，但是名声在几年前就已经不好了。小熊暗想，若是与这样的券商合作，估计难得善终。把几拨人都送走之后，小熊一时间什么也不想干，靠在椅背上发呆。熊妈妈用人不疑，涉及融资、上市的事情，她基本都授权给小熊，有时候也会让小熊犯难。面临决策之时，连个商量的人都没有。万一遇人不淑，选错了合作伙伴，辜负母亲的信任事小，更重要的是影响企业的上市进度。

正在东想西想之间，小熊忽地想起答应妈妈接待完券商后给她讲一节课，便急忙站起身来往妈妈的办

PART 4　九转艰难下北城——如何完成一次完整的萨班斯合规项目

公室走。熊妈妈办公室的门没关,小熊站在门口张望了一下,妈妈正戴着老花镜认真地翻着笔记本,嘴里还默默念叨着什么。小熊对这场景很熟悉,也非常佩服妈妈活到老学到老的热情。他站了一会儿,看妈妈没抬头,只好敲敲门。

熊妈妈抬起头:"完事啦?我看来了好几个外国人呢。"

小熊走进房间,在妈妈对面的椅子上坐下:"是啊,都谈完了,您是想先听好消息还是坏消息?"

"好消息吧,听了一早上的坏消息,我也调剂调剂。"熊妈妈摘下眼镜,揉了揉眼。

"好消息是有几家券商表示对咱们感兴趣。"

"那不是挺好的嘛,没给坏消息留什么空间啊?"

"坏消息是,对咱们表示感兴趣的几家券商都不怎么样,我都没看上。"

"嘿,我还以为是多差的消息,也不错啊。就目前的经济形势看,有愿意接受咱们这个项目的,我认为就是好消息,咱们的心态得放平和,你看不上人家,也有可能是咱们对自己的认识不够客观,觉得自己还挺不错的呢!你从小就这样。"熊妈妈断言道。

"……咱们还是接着讲课吧。"

"理论基本前面都讲完了，接下来就是理论结合实践的内容了。鉴于咱们是入门学习，您不用学习得太深入，我把项目的整体实施思路给您说说，您心里有个底，知道内控体系搭建的路径就可以了。"

"哦，那可不行。我知道你忙，但当老师的不能总想着糊弄学生，我听了这几节课，对内控还是挺感兴趣的。《萨班斯法案》都说啦，我签字也有责任，那我至少不能糊里糊涂地签这个字啊！你就尽管严格要求我，怎么要求你手下的那帮小孩就怎么要求我，我尽力而为。"

小熊被妈妈的话感动了，一时不知道说什么，只好轻轻地咳了一声："那好吧，那我就无礼啦，咱们先说说整个项目的思路。"

PART 4　九转艰难下北城——如何完成一次完整的萨班斯合规项目

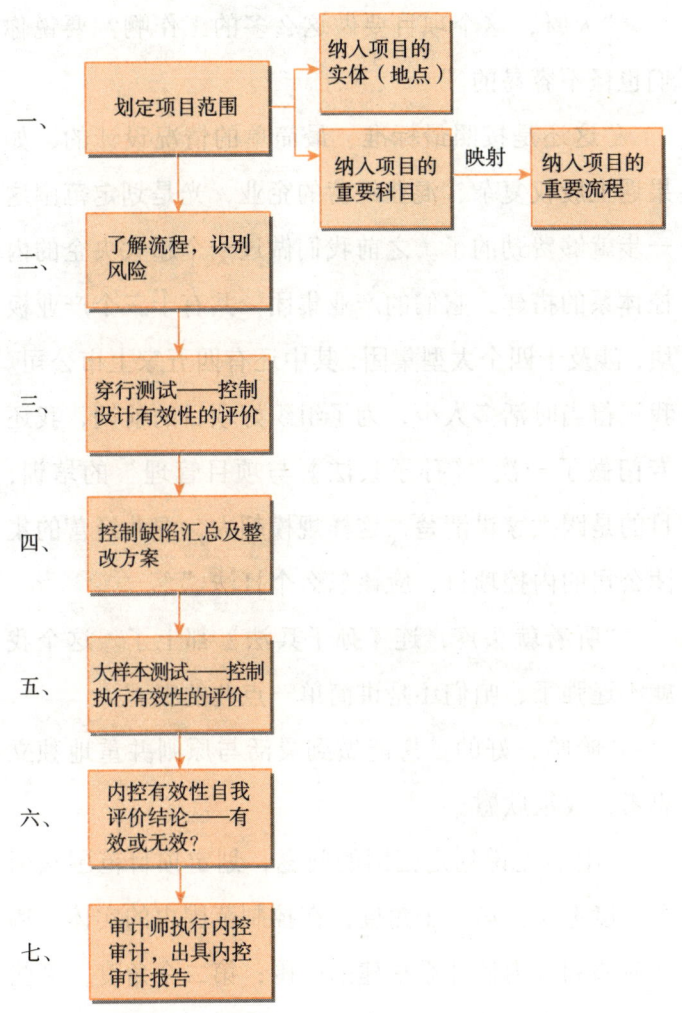

"天呀,这个项目要做这么多的工作啊?要说你们也怪不容易的。"

"这还是按照最标准、最简单的情况设计的,如果遇上股权复杂、混业经营的企业,光是划定范围这一步就够费劲的了。之前我们做过一个超大央企的内控体系的搭建,它们的产业集团一共有十三个产业板块,涉及十四个大型集团,其中还有四五家上市公司。我记得当时活多人少,为了组织好项目的前期,我还专门做了一次'《孙子兵法》与项目管理'的培训,目的是跟大家讲清楚,这样规模超大、混业经营的集团公司的内控项目,应该怎么个打法。"

"听着就头疼,连《孙子兵法》都上了。这个我就不逞强了,咱们还是讲简单一点儿的吧。"

"哈哈,好的。您能做到灵活与原则并重地独立思考,我很欣慰。

"咱们先说划定范围的问题,划定项目范围从两个角度考虑:第一个角度,在控制范围内的实体,哪些应该列入内控体系搭建的范围;第二个角度,哪些关键业务流程应该列入内控体系搭建的范围。先从第一个角度讲一下,《萨班斯法案》规范的内控乃是与

PART 4　九转艰难下北城——如何完成一次完整的萨班斯合规项目

财务报告相关的内部控制，在评判哪些实际控制的实体需要并入合规范围时，首先需要考虑的问题是该实体对应的财务数据在合并财务报表层面的重要性水平。这里出现了一个很重要的术语，叫作重要性水平（materiality）。我先解释一下，在内控项目中，重要性水平是指，某个数字或科目已经重要到如果错报或漏报，可能会影响股东对该公司的重要决策。举个例子吧，比如应收账款。咱们把这个例子简化一点儿，如果某个客户欠您的钱达到 500 元就会影响您做出决策，那么 500 元就可以确定为这个科目的重要性水平。"

"我觉得就算楼下摊煎饼的张大爷都不会把 500 元作为重要性水平吧。"熊妈妈忍不住插嘴。

"谁说的，资本家怎么能知道老百姓的不容易。接着说，对于内控项目而言，一般会在报表层面设定一个重要性水平，用来确定划入项目范围的实体与流程。一般而言，重要性水平设置为企业总资产的 1% 和销售收入的 5%，这不是一个强制规定，只是一个约定俗成的习惯。对于不同的行业，可能需要进行不同的分析，比如教育行业，有的校舍是自己盖的，这

牛角包一样的会计:风险管理和内部控制

PART 4　九转艰难下北城——如何完成一次完整的萨班斯合规项目

样的条件下，企业属于重资产；还有学校的校舍是租赁的，那么它属于轻资产，这样的条件就不能简单地套用这个比例来确定重要性水平。但是在一般情况下，如果企业的规模不大，经营的业务不复杂，那么刚才我说的两个比例，其实是可以解决问题的。就酥园的公司结构而言，总部是一定要划入项目范围的。

"内控在操作上分成两个层次：第一个层次叫作entity level control（公司层面控制），这个层次的控制一般都是关于上层建筑的，比如组织架构、企业文化、人力资源等，这些流程和控制都在总部层面一贯到底，我们应该把它们集中起来做；第二个层次叫作operation level control（运营层面控制），这个层面的控制和企业日常运营相关，关注关键业务流程。除去总部，我们实行的是区域中央厨房配送到各个门店的销售方式，那么生产环节体现在中央厨房，采购实行区域集采，门店相当于独立的销售部门。那么中央厨房、区域采购中心，以及代表性的门店都需要包括在项目范围内。

"在项目执行的过程中，要区分先后主次。就我们之前的项目经验而言，如果企业业态比较单纯，同

牛角包一样的会计：风险管理和内部控制

PART 4 　九转艰难下北城——如何完成一次完整的萨班斯合规项目

时多地经营,那么内控搭建的第一轮工作采用'样板模式',即公司层面控制加上 1~2 个有代表性区域的全运营层面控制,以此作为推广的基础和样板。样板如果做得比较成熟和充分,则在全国范围内推广的时候会顺畅得多。当然,中国幅员辽阔,各地的情况不一样,也不能完全照搬,比如税务流程,之前我在做项目的时候发现,中国北部地区和南部地区的具体处理方式就存在差异,尤其是地税及相关税种的处理,南北差异很大,这个时候还得具体问题具体分析。

"上面谈的是基于对纳入项目范围地点（location）的选择标准,就连锁企业而言,在首轮内控系统的搭建中,选择过多的门店纳入范围,并不能提升项目价值。我觉得这里面有个管理层判断问题,首次建立内控系统还是应当尽量选择具有代表性的门店及子公司。当然,这里面还是得结合财务报表的因素进行综合考量。"

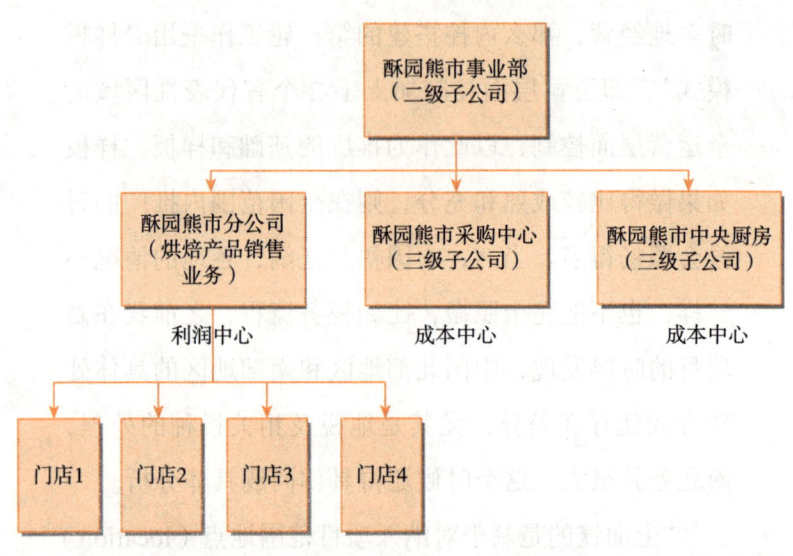

"我简单地画了一幅酥园在熊市的组织架构图。首先,采购中心和中央厨房作为重要的成本中心,需要纳入首轮项目范围。负责产品销售的分公司,统辖区域内的十几家销售门店,我们需要分析一下单店对区域销售贡献的比重,如果单店贡献超过本年区域销售额的 5% 或 10%,那么该店在第一轮也应纳入项目范围。如果同时有几家店都达到条件,那么我们要根据该店成立历史、团队力量、辐射区域再筛选一轮。就我个人建议,我认为应该选择综合实力较强的门

PART 4　九转艰难下北城——如何完成一次完整的萨班斯合规项目

店。因为在首轮的体系搭建过程中，我们需要更加完整和成熟的样本，制订较高的期望和要求。这样在后期全面推广样本的过程中，不至于出现样本不完整，还需要做很多额外修补工作的情况。"

"听得我昏天黑地的，"熊妈妈揉揉眼睛站起来，接着说，"一个城市就得做这么多家啊？咱们在北方的6个省会城市、13个二级城市都有分公司，都得纳入范围吗？"

"您问的问题挺好，这个问题还得看财务报表来决定。《萨班斯法案》和中国的内控合规有不同之处，最大的区别在于《萨班斯法案》的内控合规是与财务报告相关的内部控制，这是基础和根本，而中国的内控合规更多强调的是全面合规。因此，在遵循《萨班斯法案》的过程中，遇到难以解决的方向问题，应该很自然地回归财务报表，比如您刚才问到的这个问题，其实取决于这些城市的规模和业绩就整个公司的合并报表来看的权重。咱们还可以按照在熊市采用的比例，首先确定一个重要性水平，比如销售收入的5%~10%。按照这个重要性水平，我们先筛选出一批重要性水平比较高的城市，再综合考量资产规模、团

牛角包一样的会计:风险管理和内部控制

PART 4 九转艰难下北城——如何完成一次完整的萨班斯合规项目

队结构、该城市的实际情况。为什么城市的实际情况也需要考虑呢？因为控制是一个变化的过程，周围环境的变化、该城市进入的时间早晚、该城市可开发的潜力程度、该城市的团队构成都可能影响该城市是否纳入首轮合规范围。我们之前把重要性庸俗地量化了，其实我们需要进一步筛选工具和口径，但是重要性水平是一个综合因素，只是销售的5%或资产的10%这样两个简单的比例是无法全面确定重要性水平的。FASB（美国财务会计准则委员会）曾经很有个性地表示：'只有掌握所有事实的人方能就重要性做出判断'，此之谓也。"

"一个会计准则委员会说话怎么跟搞哲学的似的？你平时总说准则准则的，都是这个调调吗？看着累吧……"熊妈妈在屋里走了两圈。

"如果看英文，其实还可以，主要是翻译过来的问题。很多国外会计准则都是国际上比较大的会计师事务所组织做的，也只有他们这样的专业团队才有这样的专业力量和资源。您也知道，他们那里有很多都是港台地区派来的专业人士，所以翻译出来的腔调也就有那么一点儿……"小熊挤挤眼睛。

"咱们接着看看选择项目范围的第二个维度——根据会计科目之于财务报表的重要性水平来决定。"

按财务报表重要性水平划定的项目范围（201*年12月31日）				
资产负债表重要性水平	总资产的1%			
利润表重要性水平	销售收入的5%			
总资产	42,065,097.00			
当年销售收入	14,850,375.92			
科目	总资产	占比	是否纳入范围	映射流程
现金及等价物	830,820.00	0.20%	否	资金管理
应收票据	—	0.00%	否	销售收入
应收账款	29,504,989.48	70.14%	是	销售收入
其他应收款	927,794.00	2.21%	是	费用管理
预付账款	5,170,099.00	12.29%	是	采购管理
存货	4,979,475.00	11.84%	是	成本核算
固定资产	102,274.00	0.24%	n/a	
应付账款	522,487.00	1.24%	是	采购管理
其他应付款	151,213.00	0.36%	否	n/a
递延收益	1,042,235.00	2.48%	是	销售收入
应付工资	85,436.00	0.20%	否	n/a
应付税款	4,941,357.00	11.75%	是	税收管理
短期贷款	500,000.00	1.19%	是	资金管理

PART 4　九转艰难下北城——如何完成一次完整的萨班斯合规项目

（续表）

收入	14,850,375.92	100.00%	是	销售收入
成本	13,156,907.97	88.60%	是	成本核算
管理费用	3,446,747.00	23.21%	是	费用管理
销售费用	3,019,055.00	20.33%	是	费用管理
财务费用	82,576.00	0.56%	否	n/a

"我找了一家公司的财务报表做了一些整理，这样可以更容易地帮助您理解，从财务报表层面如何确定纳入项目范围的重要科目，以及如何从这些科目映射至相关的业务流程。我们从资产负债表和利润表各举一个例子来定量重要性水平，我之前说过的，资产负债表科目按照总资产的1%，利润表科目按照当年销售收入的5%，超过上述比例的科目，我们先将其筛选出来。举个例子，应收账款占总资产的70%左右，因此先将其筛选出来。"

"应收账款占资产的70%之多，这是家什么公司啊？"

"也有可能啊，比如一家专门提供服务的公司，比如之前我开的咨询公司，报表上根本也没什么资产项目啊。作为提供服务的中介机构，我们最大的资产其实是团队。但是在报表上，这种团队战斗力的东西太虚，勉强作为商誉还得使劲评估，因此一般也就不列示了。

"从上面这个表格很容易看出我们选择出来的在重要性水平之上的会计科目都有哪些，以及他们是如何与关键的业务流程相映射（mapping）的，比如货币资金对应着资金管理。应收预收类的客户基本都与销售收入相关，因此纳入销售收入管理流程。存货虽然是采购流程的最后端结果，但是我们一般也把它单独拿出来，叫作存货管理流程，因为采购也有可能采购服务或低值易耗品，或者固定资产，并不唯一对应存货。知其一而推其二，剩下的科目与关键业务流程之间的映射都大同小异，我就不一个一个说了。不过负债类科目有一个应交税金科目，我们一般将其对应到税务管理流程中去，这一点应无异议。不过值得说的一点是这个流程的边界问题，一般的税务流程，从税务申报表的填写到税款的计算和计提，税款的缴纳都要包括在内。但是很多企业的税收管理流程仅到税款的计算与计提，把缴纳税款统一归于资金管理流程，这些倒都是无关紧要的调整，主要也看负责这个

PART 4　九转艰难下北城——如何完成一次完整的萨班斯合规项目

流程的大仙是哪个星座的。"

财务报表的认定与相亲

"确定了纳入范围的实体（地点）高于重要性水平的科目及对应的关键流程，咱们再来说说财务报表的认定与纳入项目范围的重要科目的关系。"小熊说到这里，微微踌躇了一下，"这个问题不是很好讲，所以我先说说什么叫作财务报表的认定。

"财务报表的认定英文叫作 financial statement assertions，把 assertion 翻译为'认定'其实增加了理解的难度，assertion 的本意类似于声称、主张、声明。财务报表的认

PART 4　九转艰难下北城——如何完成一次完整的萨班斯合规项目

定是说,一家企业在对外披露自己的财务报表时,需要从哪几个方面来主张这套财务信息。一般而言,财务报表的认定包括存在、完整性、计价与分摊、权利与义务、表达与披露。我注意到您困惑的神情了,这几个概念说了等于没说是吧?"小熊同情地看看妈妈。

熊妈妈回过神儿来:"是啊,你看你说的也不是文言,我咋就一点儿也没明白呢?"

"妈您不用难过,我小时候看着物理题也这样。要说那些字儿吧,拆开看都能认识,但是合到一块儿,真是硬生生的不认识。没关系,我还是给您举个例子说说这些认定都是什么意思吧。比如有个小伙子,小王小李无所谓,男大当婚,也有女朋友。两个人谈得不错,到了谈婚论嫁的地步,得见见家长,那么这个小伙子好比一张财务报表,他的各方面条件就好比各项认定。现在您要从各个维度来考量这个未来女婿,从而判断此人是否合适。"

"例子举得精当。"熊妈妈评价道。

"第一,存在。小王说了,他名下有两套东四环内的房子,有一套还是学区房,有房产证为证。这就是存在,有证据确定这项资产是存在的。小王还说,他有 100 万的定期存款，这些存在都是比较好认定的。当然，如果小王说他的存款买了民间理财，并且当时只是君子协定，并无任何正式文件佐证，那么就得打个折扣了。

"第二，完整性。小王说了，他的这两套房子吧，一套全款，一套贷款，现在贷款余额还有 50 万，他还欠了一个朋友 30 万，有欠条。除此之外，再没有其他负债了。对了，在资产方面，小王还有 10 万股中石油股票。这些说的都是与完整性有关的认定，声明小王在资产和负债方面的确已经完整披露了。

"第三，计价与分摊。您一打听得知，小王的两套房子都是 2007 年房价低点的时候买的，现在市价都了不起，那么这个是对关于计价的认定。当然，10 万股中石油股票也得重新计价，如果这也是在 2007 年买的。

"第四，权利与义务。这一条认定也很好满足，看看房本、股票软件余额，以及给朋友打的欠条就可以满足。

"第五，表达与披露。这个更简单啦，您让小王亲自拿着这些证据，恭恭敬敬地站在您面前供您检阅

PART 4 九转艰难下北城——如何完成一次完整的萨班斯合规项目

就够了。说完这个例子,有点感觉了吧?"

"嗯,这回清楚多了,你举了一个相当势利的例子啊。"

"我只不过微观了一家上市公司之于投资人和股东的场景而已,咱们接着说财务报表的认定和会计科目的关系。简言之,这是个不定项选择题,一般资产和负债类客户,如果生拉硬拽,其实和五项报表层面的认定都能扯上关系。举个例子,咱们说应收账款吧,这个最常见。

"从图中您可以看到,应收账款实际上与五项认定均相关。以此类推,资产类科目基本上都与上述五项认定相关,那么这样的对应对于我们的实际工作是没有太大意义的。因此,我们在实际中往往降低一个层级,将具体控制与五项认定相匹配。这样一来,五项认定就生动活泼地解释了一个控制点在财务报表层面是重要的,还是无关紧要的。现在,咱们还用应收账款这个科目举例子。在实务中,围绕应收账款科目,企业一般会设计好几个相关的关键控制点。比如对于应收账款的账龄分析,企业往往将其设定为一个关键的控制点,因为应收账款的账龄往往也决定了该项资

牛角包一样的会计：风险管理和内部控制

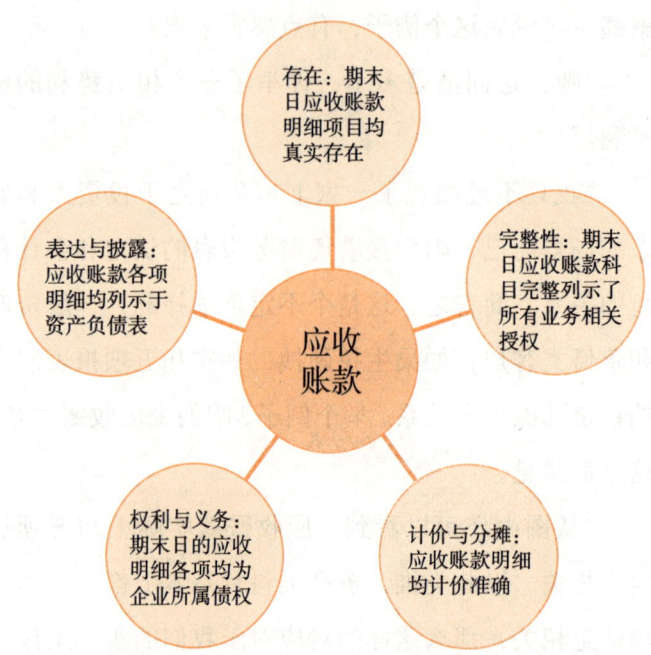

产在报表层面的流动性，比如与该账龄分析的控制点是这么表述的：'每月最后一个工作日，应收账款会计编制应收账款账龄分析表，并将该分析表上交财务分析经理审阅。财务分析经理审阅后，以邮件形式回复应收账款会计，并指示下一步的跟进工作。'咱们来看看，就这个控制点而言，对应了哪几项财务报表的认定？"

PART 4　九转艰难下北城——如何完成一次完整的萨班斯合规项目

"嗯，存在肯定有，完整性也得有，不能有漏下的。计价与分摊有，表达与披露也有吧，我觉得这个账龄分析表就是一种表达与披露吧。权利与义务有没有啊？这个我可拿不准。"

"您分析得挺好，权利与义务对于资产科目而言，都是有直接关系的认定。但是就我们谈到的这个控制点而言，这个控制点的主要表达还是在于数据的完整性、真实性，以及是否充分表达与披露，所以权利与义务并不直接影响该控制点。由此我们也可以看出，该控制点共涉及四项财务报表认定，是较为重要的关键控制点。"

"难道你们做项目的时候每个控制点都得一一认定？"

"是啊，很多小朋友在做底稿的时候不认真，在做控制点和认定对应的时候想当然。其实底稿的每一处设计都是有必要的，做好这样的对应，心里自然就明白了每个控制点的重要水平，做起工作来才能有主有次，不至于眉毛胡子一把抓。做工作得用巧劲嘛。"

"你这剥茧抽丝地一讲，我还真有点明白了。原来关键控制点是这么来的，再来一个，再来一个。"

"啊？您这还玩上瘾啦？行，这个简单，信手拈来。比如在固定资产循环中，有一个很重要的控制点，是定期对资产的盘点，您说说这都和什么认定相关？"

"存在是肯定的，完整性也有关系。权利与义务也有关系吧，盘点的资产不得是属于自己的资产嘛。表达与披露差一点儿，计价与分摊也不太相关吧？"

"行，您还真说得八九不离十。固定资产盘点表也是一种表达方式，但是它并不直接影响财务报表，因此在这个控制点中，表达与披露并不直接相关。至于计价与分摊，您说得对，我们在做固定资产减值测试的时候才会涉及这个认定，所以100分。"

PART 4 九转艰难下北城——如何完成一次完整的萨班斯合规项目

/ 像了解爱人一样去了解流程 /

（1）谈谈内审的功能

"上面说的这些工作都做完，勉强可以算作是项目范围确定下来。不过，这才是万里长征的第一步。"

"要说你们搞咨询的也不容易，唾沫都快讲干了，才是第一步……"

"那是因为您是我亲娘。我们也不需要给客户讲这么明白，只要甩开膀子直接干活就是了。我们的客户千姿百态，像您这样学而不厌的很少。大多数的企业家还是现实了

PART 4　九转艰难下北城——如何完成一次完整的萨班斯合规项目

一些,更加欣赏可以带来直接经济价值的服务,比如广告,比如号称市值管理的炒股票。对于合规性的咨询服务,企业家抱持的态度大多是不以为意,素质高一点儿的能看得远一点儿,知道借这个机会梳理一下业务流程,提高一下各个业务部门之间的协作效率。那些素质需要提高的企业家,表现得就让人大开眼界啦。我之前接过一个客户,准备去香港上市,内控需要遵循 PN21。我跟老板第一次见面的时候,老板就大手一挥地发布命令,希望我们像纪委一样,可以去分公司涤荡歪风邪气,要是不揪出几个贪赃枉法的人,并且把他们即刻正法,都不能算项目做成功了。我听完之后为这家公司的员工捏了一把冷汗之余,还暗暗生出一丝惭愧,心想估计要辜负这个老板的期望了,同时还隐约觉得尾款收得可能会比较费劲。"

"后来呢?你是不是等着我给你捧哏(曲艺名词,对口或群口相声演出时配合'逗哏'叙述故事情节)呢?"

"哈哈,您加这一句很煞风景啊。后来,我当然只能按照我对项目的理解去做。'老板拿我当枪使,我却不能逢迎之。'PN21 只是一个法规的合规项目,就算我做的是内部审计，首要目标也不是监察和反贪。内部审计是服务，服务于被审计单位，目的在于提升运营效率，优化现有流程，识别重大风险，建立关键控制，我认为这个观念是目前大部分企业家需要扭转和重新建立的。"

"说到这，我倒是有些不同看法。你总是强调内审的服务职能，那企业内部的舞弊、渎职、贪污靠谁去发现啊？靠犯罪分子自首吗？国家还得强力反腐呢，你这个观点，不太符合企业的正向需求吧？"

"妈，这其实是相对的问题，不能那么绝对。内审不是没有监察的功能，而是主次的问题。好比治水，是以堵为主，还是以疏为主？看上去两个都有道理，但是堵好比西医，头疼医头脚疼医脚，主要功能还是延缓症状，局部治疗；疏好比中医，正本清源，疏导路径。我见过很多企业把内审团队搞成'八府巡按'，内审团队一下现场，分公司的主要领导全都如临大敌，来时远接高迎，去时恭恭敬敬，'钦差'一走一切照旧，并没有解决根源问题。当然，舞弊和其他经营风险也需要内审团队积极参与，提出专业意见，但是靠内审团队来查舞弊，我觉得未免有些舍本逐末

PART 4 　九转艰难下北城——如何完成一次完整的萨班斯合规项目

了。谈到具体的舞弊，主动地发起专项检查也是有必要的。之前我在火车驴拉供职，审计部每年制订审计计划的时候，对一些敏感的流程，或者风险高发的子公司，是要主动安排轮查性质的专项审计的。在审计过程中，如果能够发动广大群众主动爆料，我们根据爆料顺藤摸瓜，会更有针对性。 当然，现在很多企业专门成立了监察团队或者部门，专门应对企业内部的贪污腐败案件。据我所知，有些监察人员还是公安出身。但我一直觉得这种纯法家性质的雷霆手段不太适合中国国情，如果公司整天笼罩在'白色恐怖'下，肯定会影响到公司的正常运营。"

"好吧，之前我还指望你帮我掀起审计风暴呢……"熊妈妈嘟囔了一句。

"哈哈，您放心吧，您这个决定我一定会坚决反对的。关于这个问题，我一直是这么考虑的：内审具有监察功能，它应该像法律一样，是高悬于头顶的剑，让大家自觉在既定的公众秩序下自由而有安全感和尊严地生活，而不是一种威吓手段。这一点一定要讲清楚，并希望咱们在这一点上保持高度一致。"

"哦，我也没有什么极端恐怖想法，只是觉得企业做久了,内部就像一潭死水,需要外部的活力激荡一下。"

"对,所以内审团队的积极参与是很重要的,但是导向和态度也很重要。内审是服务,是建立秩序和维护秩序,是正面的建设与优化,是主动、有效、不极端的监督和检查。"

"好啦,熊大侠,你都义正词严地跑题半天啦,你不是要给我讲怎么认知流程吗?我看你热血沸腾了一会儿,血压都上来了,快冷静冷静。"

"嗨,我这不是看见您马上就要走上错误道路着急嘛。有些观念并不仅仅是内控范畴里的,还可以外延到企业管理,观念正确了,方向才能正确。好,咱们接着正题讲。范围确定了,第二步就是辨别风险,风险辨别清楚了,才能谈得上设计相应的控制。不过谈到这里,我又有话要说了。

"之前我遇到过很多同行,大家在进行专业讨论的时候,总在一个顺序问题上争论,那就是先做风险评估,还是先做流程梳理。主张先做风险评估的同人们是这么认为的:风险是起点,风险评估的结果直接影响流程的搭建。举个例子,应收账款管理这个流程

PART 4　九转艰难下北城——如何完成一次完整的萨班斯合规项目

在大多数企业都是风险较为集中的流程,需要设计关键控制点进行管理,从而降低风险。但是也有一个特例——教育行业,在以学校为代表的教育行业中,由于学费大多采取预收的形式,因此应收账款管理就弱化了下来。如果不先评估风险,对流程和控制的认知就有可能偏离方向。"

熊妈妈点点头:"说得挺有道理的啊!怎么着?我看你这个意思,你是要持反对意见啊?你从小就喜欢标新立异,我了解你吧?"

小熊没反驳,只是微微笑笑。

熊妈妈还有点意外:"咦?你竟然没还嘴?的确成熟了。"

小熊:"我累……"

熊妈妈:"……"

"您说得对,我刚才所说的观点,其实只能在理论上成立,原因有两个:第一,没有哪家企业是没有业务流程和基本控制的,流程可能随意一些,没有落在书面上形成正式文档,控制可能自发的多一些,随心所欲一些,缺少规范的约束。但是我没有见过哪家企业是流程和控制点都没有的,比如前面说的学校,

PART 4　九转艰难下北城——如何完成一次完整的萨班斯合规项目

您觉得学校体系中会存在一个没有价值的应收账款流程吗？所以，在这样的实际情况中，所谓风险引导流程的说法其实是站不住脚的。第二，在实务中，如果不谈流程，上来就谈风险，那么这个项目便缺少根基。在现实业务中，评估风险往往要企业的业务人员会同年轻的项目顾问一起来确定，如果没有流程作为讨论基础，我不觉得所谓的风险评估可以顺利进行。当然，如果我亲自去做，即使什么流程也没有，我也能做出风险评估，但是能把人活活累死。现在您觉得我说的有道理吗？"

"你嫌累还说那么多？我刚才正反两个观点都想了一下，其实先评估风险还是先归纳流程并不是绝对的，对吗？还得结合现实情况。"

"对，万事万物都不是绝对的。《金刚经》上说'佛说般若波罗蜜。即非般若波罗蜜。是名般若波罗蜜。'佛总说这种来回看都对的话，这是什么意思呢？就是凡事皆为一理，你说它是，它也有非，你说它错，它也对。"

"也不对吧？比如你是我儿子这件事，你怎么解释也有可能不是呢？"

牛角包一样的会计：风险管理和内部控制

"嗯，我也是党和人民的儿子。"

我也是党和人民的儿子！

（2）安得倚天抽宝剑——谈谈Visio

"在了解流程之前，先介绍一个好用的工具。微软在2000年花巨资收购了一个叫作Visio的公司，这个公司的主要产品就是Visio。总的来说，Visio的核心功能之一是绘制流程图。"小熊一边说，一边打开一个办公软件。

"在遥远的2003年，我刚到火车驴拉开始做萨班斯项目的时候，这个软件还是收费的，每个licence（授权软件）大概要收35美元。说到这里，我又想起了一件往事，中国的五部委（财政部、证监会、审计署、银监会、保监会）在2008年出台了《企业内部控制基本规范》并要求上市公司作为第一批试点在上市后强制合规，一时间神州大地上掀起了一场内控热潮。由于需求过于旺盛而导致供应不足，致使大批非

牛角包一样的会计：风险管理和内部控制

专业人士也加入到提供内控咨询服务的大军里。您别说，这一点倒是很像相声界当年的情况，内控和相声一样，不用上台阶，一推开就是山门，但是距离山顶还有十万八千里。内控和相声不像财务报表和京剧，得先过苦日子，爬台阶，累得半死才到山门口。最后导致的结果是，这些上市公司的内控文档争奇斗艳、千姿百态，看得我尴尬症都犯了。很多规模较小的事务所没听说过 Visio 或听说了也不会用，于是别出心裁地用 Word 画了流程图，画出来的东西连直线都是拐弯的，实在是乱七八糟。我之前看过其他同人画的 Word 版流程图，气得我都说刻薄话了，'这样污染眼睛的东西应该先打印出来，再全部撕掉'。"

熊妈妈听了不由得啧啧道："要说我儿子这爱憎分明、胸怀宽广还真像你爸。"

小熊听了嘿嘿一笑："我知道您讽刺我言辞刻薄，可是我实在是出于愤怒。本来内控服务是一条很好的咨询业务线，却生生地让同行们用质低价廉的专业精神给做废了。前些日子我了解了一下市场行情，连四大会计师事务所的报价都低得可怜。"

"这不是好事吗？从企业的角度，我带头同意你

PART 4　九转艰难下北城——如何完成一次完整的萨班斯合规项目

们大幅降价。"

小熊听了不由得苦笑："妈，这您有所不知，羊毛出在羊身上。您这边降价，中介收的钱请不起好的咨询顾问，派去给您做项目的大多都是生瓜蛋子，生活才刚刚能够自理，要不干脆在工作内容上打折扣，到头来受损失的还是企业。企业花了这笔钱，请了咨询顾问，当然希望最后的结果是提升效率、改善运营，而不是省钱，对吧？物美价廉本来就是不成立的悖论，这个您应该深有体会吧！"

"我开个小玩笑活跃一下气氛嘛。我当然知道一分价钱一分货，就咱们自己来说，奶油这个单品原料，你说说市场上还有几家面包房用的比咱们好？"

"就是就是，行业内自律和必要的同业保护才是双赢。

"咱们接着说 Visio。这个软件最大的好处是不拘泥于空间的限制，可以较为灵活自如地记录流程。我们同行里有用 Word 画图的，我各举一个例子，给您一个直观的感受，看看哪种形式更加清晰明了。"

牛角包一样的会计：风险管理和内部控制

PART 4 九转艰难下北城——如何完成一次完整的萨班斯合规项目

Word 版本：

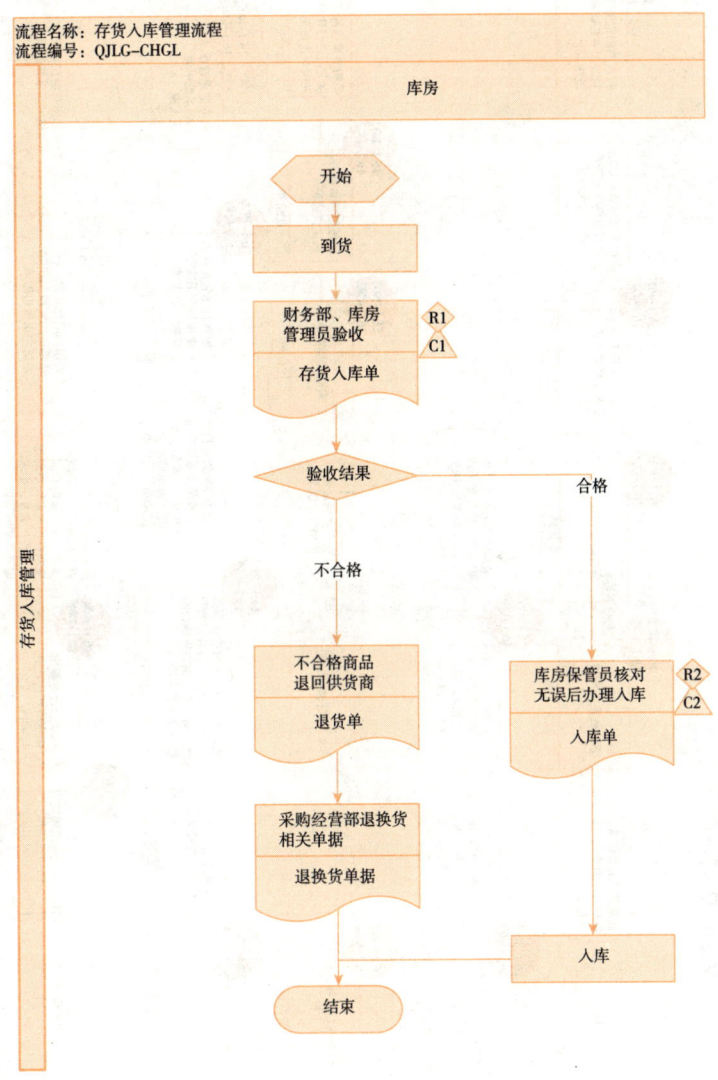

Visio 版本：

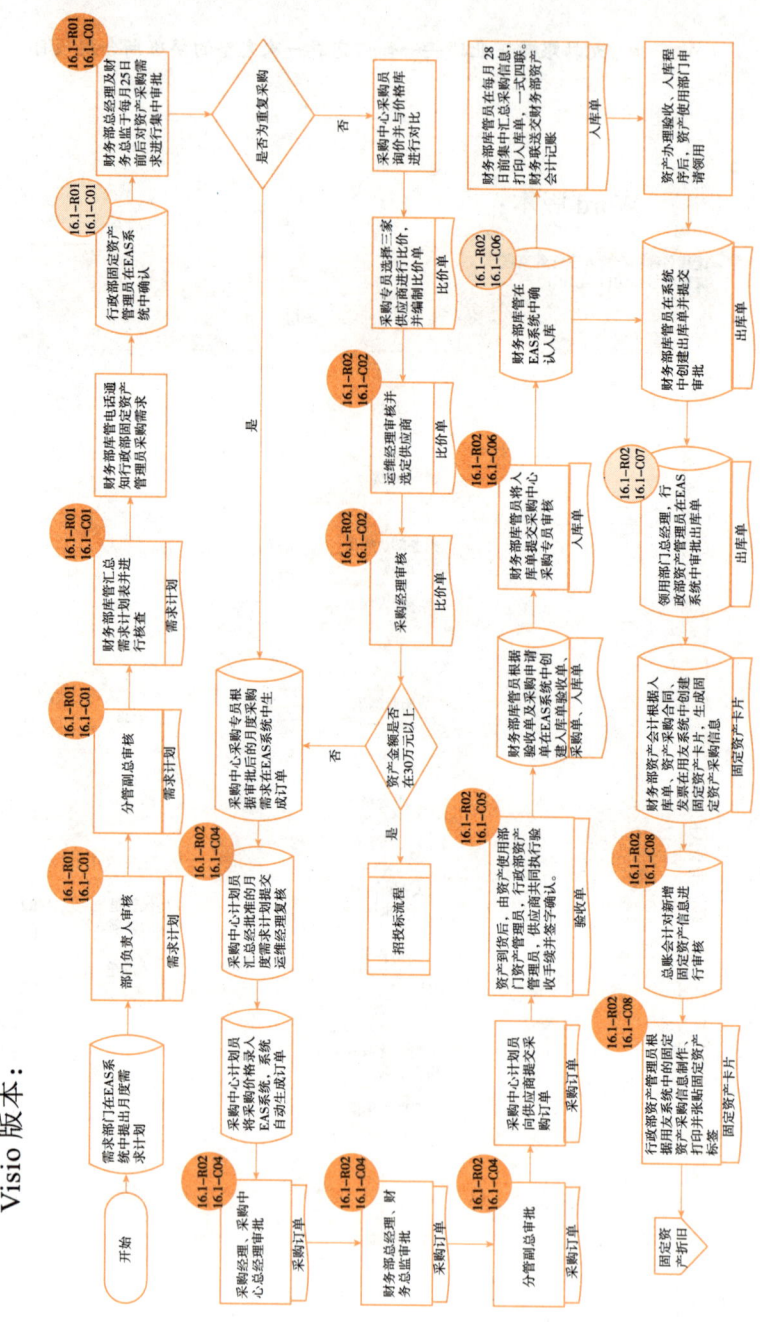

174

PART 4　九转艰难下北城——如何完成一次完整的萨班斯合规项目

"果然是即视感很强啊！我看出来了，是因为Visio你可以盘着画对吧？"

"对，我也可以四面开花地画，总而言之，Visio构图可以更为灵活，画图的界面很友善，小工具也好用，从哪个角度都完爆Word版本。至于如何使用Visio画图，不在咱们讨论的范围内，您要是有兴趣，回头我单独教您。

"咱们重点说说在了解流程的过程中应该注意哪些问题。第一，要多沟通，不厌其烦地沟通。之前我带队做项目，看到小朋友坐在那对着电脑较劲儿我就很悲愤，因为做内控咨询不比做财务报表审计，只需要抠数字就行。做内控咨询，完整充分有效地与各个流程负责人沟通特别重要，很多流程的分支脉络是靠顾问的主动引导才有可能问出来的。各个流程负责人（process owner）一般都是最了解本流程的管理层，但是他们不是专业的内控人员，需要思路清晰的引导，很多问题还需要设计一下再问，这样才能确保内控人员了解到的流程信息是完整的。

"第二，要了解现存的控制，不要了解理想的控制。在实际访谈过程中，很多流程负责人出于紧张，对,您没听错,出于紧张,他们往往美化自己的流程。其实在日常运营中,他们有时候也会下意识地明白自己公司的流程中存在漏洞,因此在访谈的时候,可能会自觉地把这样的漏洞补上。在了解流程的这个阶段,我们需要了解的是现在时,而不是将来时,了解的控制点是现存控制(existing control),而不是理想控制,这一点一定要说在前面。

"第三,在了解现存流程的同时,也需要了解管理层对现有流程的改善需求。很多业务流程在当时设计时并没有考虑到业务变化,在业务变化后也没有积极修订,导致很多业务流程在执行过程中遇到阻力。咨询顾问正好借这个机会,细致地了解客户的需求,倾听客户在实际业务中遇到的困扰,这些信息会帮助咨询顾问在为客户重新设计一些关键控制点时有所参考和借鉴。举个例子说吧,我们之前有个客户,经常会开展一些重大工程项目,按照之前的流程,集团投资部也需要在工程开展的过程中实施管控,比如关键的工期节点、重大的付款节点等。但是对于投资部而言,他们一般只负责前期项目开发的立项报备,在工程开工后,并不清楚项目的节点和实施细节,无法对工程的实施过程进行有效的监督，也没办法在一些过程中的关键表单，如施工节点工作量确认单、重大节点付款审批单上签字。这个问题一直把投资总监折磨得欲哭无泪，这样的问题就是我们在实际访谈过程中需要详细了解的。了解需求后才能提供更好的咨询服务，这样贴近企业需求的咨询才有价值。"

（3）鸡生蛋还是蛋生鸡——内控问题也是哲学问题

"了解流程的过程，也是记录流程的过程。之前有些一起工作的同事在做内控项目时，跟管理层聊得热火朝天的，但是不记笔记。访谈结束后生编硬造，这样太被动，了解到的信息也很有可能有遗漏。因此我们建议在做访谈的时候，按照流程的步骤，先把流程记录下来。访谈结束后，再根据记录的流程绘制流程图。比如，可以按照下面这样的格式记录流程。"

步骤编号	步骤描述
1	每半年度行政部联合财务部下发资产清查通知,盘点基准日为每年的6月30日和12月31日。盘点前,行政部资产管理员在用友系统中导出固定资产明细,制作固定资产盘点表。
2	半年度盘点由各资产使用部门进行自盘。行政部资产管理员与财务部资产会计进行抽盘,盘点完成后由盘点人、资产使用部门负责人、财务部负责人和行政部负责人在盘点表上签字确认。
3	年度盘点由行政部资产管理员与财务部资产会计进行监盘,对所有资产在账相符的基础上进行全面盘点。盘点完成后由盘点人、监盘人、资产使用部门负责人、财务部负责人和行政部负责人在盘点表上签字确认。
4	年度盘点完成后由行政部资产管理员牵头出具资产盘点报告并签字确认。报告涵盖如下方面:盘点时点、盘点日期、盘点人员、盘点范围、盘点结果、盘点差异、差异原因及闲置资产统计。盘点报告提交行政部资产管理员、财务部资产会计、行政部负责人、财务部负责人签字确认,审核后提交财务总监、行政部分管领导、总经理审阅。

"我上面列示的记录流程表格是我们后面要讲到的主要工作文档风险控制矩阵(Risk & Control Matrix,缩写为RCM)里的第一列和第二列,使用上面的表格,可以在访谈结束时较为完整地记录所要了解的业务流程的全貌。根据这个相对完整的流程,使用Visio软件,就可以绘制出一幅体现现在时态的业务流程图。

"您要是没什么问题了,我可继续往下讲了。我

PART 4 九转艰难下北城——如何完成一次完整的萨班斯合规项目

知道这一段听着有点困,您要是困了可得告诉我一声。我之前在外面讲课的时候,最怕午饭后的第一个小时,听课率基本上为零。有的同学简直就是来休息的,睡觉不说,睡相还难看,睡相难看也就罢了,还有节奏地打呼噜。"

熊妈妈扑哧一笑:"你这么一说我都不敢困了,你给我解释解释什么叫睡相难看?"

"就是本来长得难看还睡着了。"

"这哪里是睡相难看,你就是嫌弃人家长得难看。"

小熊走到窗前,把窗户推开:"是啊,长得难看还不知道努力,您说得多没前途?我给您开点窗户您就不困了。

"画完图,基本上就可以标注控制点和风险点了。"

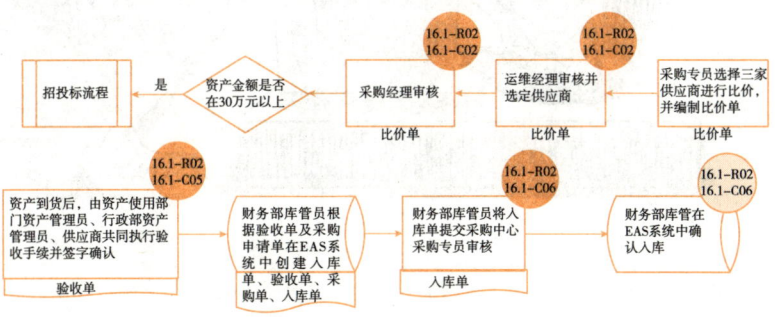

牛角包一样的会计:风险管理和内部控制

PART 4　九转艰难下北城——如何完成一次完整的萨班斯合规项目

"我给您截了一部分固定资产盘点的流程图，咱们来说明一下控制点和风险点的标注方法。上面流程图中带颜色的圆圈就是我们标注出来的控制点，以及对应的风险点，不同的颜色代表不同类型的控制。根据不同的维度，控制点可以有好几种分类方法，比如按照控制类型，一般分为三种控制，第一类最常见，叫作人工控制（manual control）。图里标注深色的就是人工控制，这样的控制在中国企业内最为常见，凡是不经过系统处理的控制点都归为人工控制。

"与人工控制对应的是系统控制，是由信息系统参与进行的控制点。系统控制也分为两类，第一类标为浅色，叫作可变控制（configurable control），凡是该控制都需要在信息系统的平台上完成，但是控制对象是可以在系统内部进行调整的。举个例子，比如有这么一个控制点，单笔采购金额在 1,000 元以上的都需要总经理在系统中进行审批。首先，这是一个系统控制，其次，这个控制对象是可以调整的，比如可以从 1,000 元调整为 2,000 元或 10,000 元。

"第三类上面的图中没有，它也是系统控制，叫作固有控制（Inherent Control）。固有控制主要是关于系统的一些固有逻辑设置的有关控制，比如在一般财务系统中，都会有这样的控制点，如果凭证没有审核，就无法过账；如果报表不平，也没有办法结账。此类控制在运营操作层面不好调整，因此成为固有控制。我说了这么多，您记住了吗？"

"这么多东西，我可得消化消化。"

"没事，我讲慢一点。这里还涉及一个先写控制还是先写风险的问题，这个我认为可以灵活一点儿。在流程相对完整记录的情况下，先考虑风险是有好处的，因为风险可以评价现存的控制是否充分。比如对于一般的生产型企业来讲，应收账款是一个风险较高的区域，对于应收账款的催收，我们需要考虑以下几个风险点。

"第一，应收账款期末余额记录不准确、不完整；第二，应收账款记录混乱，未对账期较长的应收账款明细进行进一步分析；第三，未对应收账款明细进行分析复核，未能将高风险的明细项目标注出来并采取相关措施；第四，未与客户进行定期对账，导致双方记录有较大差异；第五，未建立积极的应收账款催收机制，对应收账款的催收不够主动和有效。这五点都

PART 4 九转艰难下北城——如何完成一次完整的萨班斯合规项目

是应收账款催收相关的风险点,在了解和评估了这些风险后,我们可以回过头来评价这家企业就这些风险所设计的控制点是否充分。比如,咱们主板有这么一家公司,它很有个性,客户只有一个,是一家超大型的垄断央企。那么对这家公司而言,应收账款是一个高风险的领域。"

"都抱上这样的粗腿了,为啥应收账款还是高风险领域呢?"

"客户大,付款慢,这是大型国有企业的通病。不是不付款,而是一拖就是一两年,如果现金流不够好,规模小的企业很容易被拖死。在这样的情况下,应收账款变为坏账不太可能,但是账龄一般都会很长,所以咱们在做风险分析的时候就要灵活一点儿。坏账相关的风险相对低,但是账龄相关的风险,以及运营资金相关的风险,评级就得高一点儿。"

"哦,其实我更想请教的是,如果账期特别长,企业都快坚持不下去了,那该怎么办呀?"

"一般都忍着。"

"……"

"哈哈,我也开个小玩笑活跃一下气氛。一般都

牛角包一样的会计：风险管理和内部控制

PART 4 九转艰难下北城——如何完成一次完整的萨班斯合规项目

会和客户沟通,毕竟供应商倒闭了,对企业也没什么好处。此外,这样的大型国有企业一般都是阶段性地集中付款,所以有紧张的时候,也有宽松的时候,就当客户替你定存了吧。

"再说点边边角角的知识。首先,控制点用C(control)来标注,后面的序号表示这是该流程的第几个控制点;风险点用R(risk)来标注,序号跟着控制点标就行。圆圈要统一放在控制点的右上角,因为很多时候流程图写不下的流程信息需要单独标注,标注为一个空心的圆圈,放在控制点的左上角。再来说说流程图的布局问题,我看过的流程图也得有个万八千张了吧,这些流程图虽然千姿百态,但其实是可以看出画图人的思路的,有的人思路清晰,画图之前先进行构图,所以画出来的图显得饱满,信息量大,空间使用的效率高;有的人不上心,画图不用大脑,因此画的图干瘪,随心所欲,信息量小。此处介绍个专业名词'informative'(信息量大),不论是流程图,还是风险控制矩阵,我的要求都是 informative,因为这些流程图的阅读者不光是流程的负责人,更多的可能是管理层、审计师,或者其他相关利益人。如果人家看了你的流程图,不知道这个流程是如何运行的,有哪些重大风险和潜在风险,以及管理层设计的关键控制点是如何降低风险的,那么这张流程图就是不够 informative。"

"哎呀,你们这项目上的规定够零碎的。"

"这才哪到哪,我还没说完呢。中文要求是楷体、10磅字,英文和数字要求是 Times New Roman、12磅字,如果用 Arial,那就得调到 10磅字最多,因为 Arial 放得太大不好看。标注的详细解释要统一放在流程图的左下角,如果写不下,要求单独加一页,将该二级流程的所有标注都集中写在一起。"

"行,算你狠。我看出来了,你小子的强迫症是当年被你们领导逼出来的吧?"

"是啊,那个时候我英文名字还叫牛哄哄的爱德华,我们领导经常从遥远的办公室一角致电,指示我过去,非让我当面解释清楚为什么我在底稿中这么爱用定冠词 the。虽然我当年在心里鄙视她拿着鸡毛当令箭为难小朋友,但是现在回过头来看,觉得这样刻薄的要求更加刻骨铭心,从长远来看,还是对职业成长有好处的。"

PART 4　九转艰难下北城——如何完成一次完整的萨班斯合规项目

（4）是骡子是马拉出来遛遛——穿行测试

小熊最近迷上了游泳，但是每天都工作到很晚，回家再游也不太现实，索性在公司附近的一个会所办了一张年卡。每天午休的时候，他不吃午饭便去游泳，游完后随便吃点什么便上楼继续工作，这样效率更高，两不耽误。会所游泳池的常客都是些大爷大妈级的人物，一个个精神矍铄、顾盼自得，很像是年轻时有故事的风云人物。小熊已经不好意思说自己是年轻人了，但在这支游泳队里却是无可争议的"小朋友"。小熊的泳技和体力都还稚嫩，经常让身边的大爷大妈轻松赶超，他生来好胜，往往不服气地加倍提速，结果把呼吸节奏都搞乱了，到最后游得乱七八糟，还是被轻松赶超。后来小熊想，人生其实也是如此。

这天小熊刚举着一个面包、一杯咖啡走进办公室，熊妈妈就跟了进来。

"妈，您看我刚游完泳，气还没喘匀呢。这不，饭也没吃。"小熊扬扬手里的面包。

熊妈妈笑眯眯地坐下："没事没事，我陪你吃，这样还能聊聊天，多好。"

牛角包一样的会计：风险管理和内部控制

PART 4 九转艰难下北城——如何完成一次完整的萨班斯合规项目

"我今天跟老太太较上劲了,刚才被一个老太太追着游了好几圈。每次我想歇会儿的时候,老太太都热情地说:'小伙子你先游,你游得快。'但是她有所不知,我都快游瘫痪啦!我这刚进门喘口气,又被老太太围追堵截。"小熊叹口气,咬了一口面包。

"嘿,你别自我感觉良好啦,虽然你是我儿子,但是我也很客观地告诉你,凭你还远远达不到让老年妇女痴狂的程度。"

小熊:"……好吧,我无语了,咱们还是接着讲内控吧。流程图画完了,接下来是两项很重要的工作,咱们一个一个说。第一项工作叫作穿行测试,英文是walk through。顾名思义,英文的字面翻译也是穿行的意思,穿行测试的目标是确定控制设计的充分性和有效性。在画流程图的阶段我曾经强调过,流程图中需要体现现存流程和控制,而非理想流程和控制,目的是通过流程图和穿行测试,我们可以确定企业在正式搭建内控体系之前所设计的流程和控制是否充分有效。

"举个例子,在了解流程的阶段,流程负责人介绍说,他们每半年组织一次固定资产的盘点,盘点工作由行政人员组织实施。就这个例子而言,我们首先确定这个控制点是否充分。我们认为不够充分,因为资产类的盘点小组成员中应该有财务人员参与。这是为什么呢?因为财务人员可以根据实际盘点的结果,及时进行账项调节,确保账实相符。其次,我们对该控制点执行穿行测试,要求管理层提供上一次半年度资产盘点的相关记录,比如盘点通知、盘点计划、盘点表、盘点总结等,确认该控制点是否真的在实际中予以执行。比如,管理层羞答答地表示,上一次资产盘点还是在一年前做的,那么这表明,你在了解流程时记录的相关的控制点并不是现存控制,这就需要对你刚刚画的流程图进行修订。在做完一个二级流程的穿行测试后,在对控制设计的充分性和有效性有一个全面评价后,我们需要对穿行测试的结果予以书面记录。这是第二项很重要的工作,即控制设计缺陷的汇总及新控制的设计。"

PART 4　九转艰难下北城——如何完成一次完整的萨班斯合规项目

穿行测试工作底稿举例——资金管理流程（节选了部分流程的部分步骤）

执行人：Stephanie Ding
复核人：Mark
20××年×月××日

穿行测试

业务流程：货币资金管理流程
目　　的：了解货币资金管理流程及控制制度，评价控制设计的有效性及控制是否得到执行
信息来源：张××，出纳

穿行测试或选取的业务交易：
　　货币资金管理流程包括现金的管理，收到现金或银行存款，付出现金及银行存款，银行贷款及支付利息，整个流程中涉及的账务处理。

穿行测试中查阅的文件：

1. 记账凭证
2. 现金收据
3. 工资单

穿行测试的执行程序：
　　我们对出纳进行了访谈，了解了货币资金管理的流程及其关键控制点，随机抽取了样本，并获取样本运行的支持性文件，对样本进行了穿行测试。
　　货币资金管理流程中涉及了如下控制点：
■现金管理与收付流程：
1）出纳从客户处收到现金，经与销售订单及过磅单核对无误后向对方开具收据，留取存根联且在存根联上签字，并在同一天将收到现金货款存入银行。（参照控制点 TZTR-10-01）
2）现金放在保险柜中由出纳保管钥匙，需要领款时，领用人根据取款理由

牛角包一样的会计:风险管理和内部控制

及数额填写领款申请单,财务经理审核后在单据上签字。(参照控制点 TZTR-20-01,TZTR-20-02)

……

我们的发现和结论:

通过访谈,检查相关文件,我们认为货币资金管理基本与流程图描述一致,但仍存在一些控制设计问题:

■ 控制活动缺乏正式证据

"上面举了一个穿行测试文档记录的例子。做完了穿行测试,应该对管理层所设计的控制点的运行是否有效及设计的控制点是否充分有了较为深入的理解。在此基础上,应该根据企业的实际需要和行业经验,为企业设计新的控制。新设计的控制点需要在流程图上予以标注,控制点的 C 前面加一个 N(new),表示新设计的控制点。

"我们协助企业设计的新控制点可分为以下几种类型:

"第一种,之前没有相关的设计,完全是新的控制点。举个例子,在以前的付款流程中仅强调了管理层对付款事项的审批,但缺少在付款前对付款事项和金额的交叉核对。在实务中,应付账款会计核对合同、运输单据、发票之间的索引,并确认金额及付款进度

PART 4 九转艰难下北城——如何完成一次完整的萨班斯合规项目

是一个很重要的关键控制点（key control）。在这样的情况下，我们就需要设计一个新的控制点。

"第二种，之前已经设计的相关控制点，但是该控制点在设计上不完整。比如上面咱们举的例子，固定资产的盘点没有财务人员的参与，这样的控制点在设计上就不完整，需要我们将其补充完整。

"第三种，之前已经设计了相关控制点，但该控制点的表述不准确，无法进行测试。这样的例子很好举，我之前的一个客户，在遇到我之前请了一家本地的会计师事务所帮他们建立内控体系。这家事务所不专业也不负责，为客户设计出了这样的控制点：财务部负责开展收入内部审计，收入审计的主要内容包括宾客账务录入审核、销售价格维护、应计收入审核、收入款审核、发票管理、账单管理、预订单管理等。在审核过程中发现错误应及时修改。您看出这样的控制点有什么问题了吗？"

熊妈妈仔细端详了一下："这个控制点好像看不太懂，好像什么都说了，又好像什么都没说。"

"您说得有道理，这样的控制点，基本可以判定是从企业日常的管理制度中直接复制粘贴的。首先，一个合格的控制点,需要具备几个核心要素:谁?做了什么?什么频率?(Who? What? When?)确定主语是为了确定责任部门和责任人;确定做了什么才能知道控制点控制的内容是什么,控制的对象为谁,以及该控制如何运行;确定频率,在后面执行控制运行有效性测试的时候才能知道选择多少样本。这是三个基本要素,还有一个很重要的单独属性——可测性。如果不可测,那么这个控制点的设计就是失败的,因为没有办法选择样本对其运行的有效性进行执行测试。

"其次,收入审计是一个比较大的题目,不适合单独作为一个控制点来设计,如果稍具责任心和专业度,收入审计应该作为内部审计及监督流程下面的一个三级流程来进行归档(documentation),比如收入审计的计划、审计的开展、审计报告的出具及缺陷的整改等。在控制的描述中,不能出现'将、应该'这样的字样,因为正如我们之前说过的,控制点是描述现在时态,而不是将来时态。"

"可是如果是新控制呢?说的不是将来的事情吗?"

"这个问题问得好。就新设计的控制而言,一般

PART 4 九转艰难下北城——如何完成一次完整的萨班斯合规项目

在下一个期间就要执行。如果站在未来的那个时点，我们谈这个控制的时候也应该是现在时态，而不是将来时态，对吧？"

"嗯，说得有道理。如果一个企业选了不合格、不负责的咨询顾问，真是受害不浅啊。"

"是啊，妈，可是很多企业的关注重点还是在看谁便宜或谁有关系……这也是我对这个行业有些失望的原因之一，劣币驱逐良币在我们这个行业也同样适用。"

"你看你选择来帮妈妈多明智，这下不用操这个心了。"

"您还真会安慰人，可是我还是一点儿也高兴不起来。设计完新控制，我们需要把穿行测试的结果加上新修订的控制点，集中在控制设计缺陷汇总表中予以记录。控制设计缺陷汇总表就是在穿行测试中关注到的，是我们提及的几种有关于控制设计的缺陷进行的汇总，这张控制设计缺陷汇总表也是下一阶段工作需要集中着力的地方。

"我给您找了一个我们之前做的例子，让您大致了解一下控制设计缺陷汇总表是个什么样子。总体而

牛角包一样的会计：风险管理和内部控制

A Company – Beijing
2015 SOX Review - Sales & Revenue
GAPS

Ref.No	Process	Issue Type	Sales & Revenue		Control Activity Affected	Remediation Plan
			Description of Issue or GAP	Issue Status		
2	Order Processing	Design Effectiveness	Customer issues request to project department by telephone or purchase order.Warehouse keeper prepares the goods / equipments based on shipping list prepared by project department.However, we noted in practice, 1) project department did not file / document formal purchase order / sales order; 2) no evidence to show the shipping list is reviewed and approved by appropriate management.	Open		Sales assistant in project department prepares a sales order, which is sequentially numbered and not allowed duplicates, based on customer's demand or purchase order, project lead, sales manager, general manager approve and signoff the sales order per authorization to make sure that the sales are confirmed and authorized approved by proper management.

PART 4　九转艰难下北城——如何完成一次完整的萨班斯合规项目

言,在这张表中,我们需要描述我们认为控制设计存在哪些问题,我们建议的整改措施是什么。这个整改措施,实际上就是我们重新设计或修补完善新控制点的过程。

"我看您也没什么问题,那我可往下讲啦?"小熊抬头看看熊妈妈。

"我有一个弱弱的问题,这个词还是我跟人事部的小姑娘学的,觉得挺好笑的一个词。你的工作底稿为什么一会儿是中文,一会儿是英文啊?"

"啊?这也是一个问题。说到工作语言的问题,由于《萨班斯法案》是美国监管机构对于在美国上市的企业的监督举措,因此需要企业的审计师就内控出具审计报告。内控审计报告什么样子,我们之前还比较详细地介绍过。中概股公司的审计师大致分为两个阵营:第一个阵营以四大会计师事务所为代表,现场工作主要由'四大'的中国团队完成,只有报告需要美国合伙人签署,因此底稿可以选择中文;第二个阵营是除'四大'以外的其他会计事务所,这些事务所有的在中国有一个业务小分队,有的是美国直接派来的审计团队,在这样的情况下,由于审阅底稿的很可能是外国友人,那么底稿需要选择英文。"(详见PART 3 中"天下谁人不识君——404条款"。)

"哦,但是这里面有个问题啊!你们这套底稿,按照你的说法是帮助管理层落地的内控文档,包括什么流程图啊、风险控制矩阵啊,这些都应该由企业员工操作规范吧?要都是英文的,咱们国际化程度又没这么高,大家伙儿怎么用啊?"

"妈您客气了,我觉得咱们根本没达到国际化的程度。在这样的情况下,做顾问的就辛苦一点儿,一般先选择第一工作语言,再根据做出来的工作成果,帮助企业将工作成果翻译一遍。当然很多企业并不需要翻译所有的文档,可能只需要选择一部分关键文档来翻译。

"此外,还有一个对于穿行测试的补充说明。穿行测试一般只需要选择一个样本,大多数的运营类流程是可以实现一个样本从头到尾穿行的,比如采购流程、销售流程、存货管理流程、固定资产流程。但是也有一些流程,在穿行的过程中需要换样本,比如人力资源流程,因为很难选到同一个员工的样本贯穿求职、日常考勤管理、离职,中间还包括各种情况,比

PART 4 九转艰难下北城——如何完成一次完整的萨班斯合规项目

如薪酬变动、轮岗、重大奖励或处罚等。

"妈,您是不是没有问题啊?我接着往下讲了?"

"怎么,你当了这么多年的老师,一直认为学生表示沉默就是没有问题吗?"

"嗯,其实我知道更多的时候是没听懂。"

"其实道理都懂,只是实践还跟不上理论。我决定等咱们做 404 条款项目的时候,你也给我分一个流程,我也很想试一试。"

"妈呀,您这个学习精神能感动中国啦!虽然我还没见过哪家公司的董事长亲自上阵做内控,但是您这样一表态,咱们这个项目其实已经成功一半啦。"

(5)重复就是力量——控制执行有效性的测试

"穿行测试完成后,缺陷清单也就出来啦,接下来一般会让企业喘口气。经过这么一轮折腾,核心管理层和关键流程负责人应该对内控是什么、怎样实施内控有一个大概的观感了。通常我们会留给企业三个月的时间来适应新事物,同时,三个月的时间也是用来产生新样本的时间。"

"其实你说的这个问题,我还有点担心。之前我就发现了,一旦公司上下掀起一股热潮的时候,大家干劲都挺足,一旦活动结束或告一段落的时候,大家好像一下子就懈怠下来了。这个内控工作是不是也会出现这样的问题?"

PART 4 九转艰难下北城——如何完成一次完整的萨班斯合规项目

"这个问题绝对会出现,其实也好理解,这是人性的问题。人是惰性很强的动物,喜欢习惯性思维和行动。现在先破后立、大刀阔斧,把他们之前用惯了的流程重新构造,内心抵触情绪可想而知,再加上日常运营工作本身就非常繁重,还要同时兼顾与适应新流程,不崩溃都算好样的了。"小熊停下来喝了口水,"这茶真称得上是清茶,一点茶味都没有。"

熊妈妈没接话,愣了一会儿,说道:"你过去做的企业里有因为内控崩溃的吗?"

小熊噗地将一口茶喷了出来:"我就这么一比喻,您还当真了。只要流程负责人存着一点责任心和认真工作的态度,别扭几天就适应了。后面的好处他们自然会体会到,一家企业的内控想成功,一定是'一把手'非常重视,下面的团队持之以恒。放在酥园身上,您就放心吧,我会时刻监督大家的。如果真有因为做内控而崩溃的,我养他。"

熊妈妈斜眼看看小熊:"作为一个男人,你能随便说养谁的话吗?"

小熊哈哈一笑:"我特别欣赏您这种坦率的幽默感。"

"三个月后,'胡汉三'又回来啦。此次我们做的测试是关于控制执行有效性的测试,换句话说就是大样本的测试。您还记得穿行测试解决的是什么问题吗?"

"穿行测试解决的是控制设计有效性的问题。"

"既然是大样本测试,第一个需要确认的问题就是样本量。在这个问题上,业内有一定的共识。当然,

PART 4 九转艰难下北城——如何完成一次完整的萨班斯合规项目

这个也谈不上什么'金标准',如果企业用自己的力量来搭建内控体系也可以有所调整;如果企业选择了外聘中介机构,那么可能会遵从中介机构的建议。"

样本量选择参考

Nature of Manual Control and Frequency	Number of Items to Test
Control performed numerous times a day	5
Control performed daily	5
Control performed weekly	3
Control performed monthly	1
Control performed quarterly	1
Control performed annually	1

"我举一个关于样本量的例子。在一个测试期间内,比如一个季度,我们可以考虑上面的样本量水平。比如一个控制点每天都要运行好多次,那么我们在这个季度内选择五个相关样本进行测试。一般和运营直接相关的流程,控制点都会满足这个条件,比如采购订单、销售订单、存货的出入库和这几个流程相关的控制点一天运行的次数都不会只是一次。在不同频率下的样本量的选择我就不赘述了,都很简单。只补充

一点，我想问问您，什么控制点是季度控制或年度控制的呢？"

熊妈妈想了想："盘点算吧，还有季度、年度报税？"

"您说得都对，还有财务报告流程中的季报和年报。在美国上市的公司，季度报表也需要审计师的审阅（review），需要注意的是，季度的审阅不是审计，审计师往往不来现场，只有年度审计（audit）的时候，大批人马才会过来。

"控制执行有效性的测试比穿行测试要直白简单得多。穿行测试乃是以整个二级或三级流程作为测试对象，而控制执行有效性测试则是以单个控制点作为测试对象。我给您找个底稿看看什么样，您就明白了。

"咱们再讲讲之前提到的内控工作的重要载体文件——风险控制矩阵（RCM）。打个比方，RCM好比咱家之前用过的塑料珠子门帘，一根线把很多颗珠子穿起来，那么每颗珠子便相当于一个控制点。测试控制进行的执行有效性，实际上是检查每一颗珠子的质量。RCM是整张门帘，每个控制点是一颗珠子，每颗珠子对应一张工作底稿，工作底稿中标示出检验

PART 4　九转艰难下北城——如何完成一次完整的萨班斯合规项目

这颗珠子质量的方法。

"先看看门帘长什么样子。"（因为门帘太长，所以我把它截为两段来说。）

第一段：

公司名称：	某股份有限公司							
一级流程编号及名称：	12 整理投资管理							
末端流程名称：	12.3 对于分公司重大工程项目的管理							
步骤编号	步骤描述	责任部门	责任岗位	涉及文档	涉及系统	相关制度制度名称	是否为控制点	控制点编号 控制点描述
1	本部控股的子公司与本部的直属分公司项目建设小组提出重大工程项目需求，确定投资规模，草拟可行性研究报告，编制项目成本预算。分子公司财务负责人及总经理审批项目方案，并编制填写《项目初审表》	分子公司项目建设小组	分子公司项目建设小组	1.经审批的项目方案；2.可研报告草稿；3.《项目初审表》。	n/a	《建议项目管理办法》	是	本部控股的子公司与本部的直属分公司项目建设小组提出重大工程项目需求，确定投资规模，草拟可行性研究报告，编制项目成本预算。子分公司财务负责人及总经理审批项目方案。

"RCM 展示的是一个最末级流程，每一行是这个流程的一个步骤，有的步骤是控制点，有的步骤仅仅是一个动作，因此 RCM 中专门设置一栏来判断该步骤是不是一个控制点。很多年前，我看到的 RCM 并不是现在这样的，上面仅标示控制点，没有把所有步骤都详细标出。我现在发现这样改进之后，的确方便

很多，站在门帘的角度看，这是一扇完整的门帘，对于刚刚接触内控的小朋友来说，先把完整的流程按照步骤一步步记录下来，更加有助于他们了解流程本身。责任部门和责任岗位我简单说一下，每一步动作都应落实到岗位，至于谁来做并不重要，重要的是得对应到具体的岗位。只有这样，在下一步进行控制测试的时候，你才能知道该找谁去要资料。如果这个控制点没通过，至少你还知道应该找谁负责接下来的整改工作。"

第二段：

控制目标					风险点		控制类型	控制频率	测试样本描述	是否有效	缺陷描述	备注
效率效果	资产安全	财务信息	合法性	战略	风险点编号	风险点描述	手工控制/IT控制/手工挖					
√	√	√	√	√		项目方案未经过需求部门管理层审阅，可能导致预算超支，项目需求不合理，可研报告方向不正确，从而导致重大资产项目投资失败	手工控制	随项目发生				

"首先说说控制目标，这五项目标所对应的是COSO的五个目标（原来只有三个，资产安全和战略都是后加的）。如果这个步骤是控制点，那么你需要选择一下控制点对应的目标，这是一道不定项选择

PART 4　九转艰难下北城——如何完成一次完整的萨班斯合规项目

题,其实也没有标准的答案。一个控制点既然存在,它总得满足点什么目标吧!

"接下来的风险点、控制点是对应的,但不是一对一的关系,一个风险可能对应着好几个控制点,一个控制点也可能同时降低好几项风险。举个小例子,家里的门锁坏了,这是个风险,我们可以设计好几个控制点来降低风险,比如换锁、加链子锁、一家人轮流请假在家看家……"

"请假在家看家这个馊主意很像你的风格啊!"熊妈妈忍不住笑了。

"是啊,这也是控制,只不过这个控制点成本太高。只要是控制,一定会有成本,所以咱们得综合优选,选性价比最高的控制。如果一个控制点就可以有效降低风险的话,那么我们就不一定非得设计两个控制点。

"还有一种情况,一个控制点可以降低好几个风险。再举个例子吧,如果我爸能戒烟,那么既可以降低他的健康风险,又能降低我们吸二手烟的风险。"

"那也同样会增加他复吸的风险啊?"

"那……只能看他自己了……"

"门帘讲完了,咱们再回头看珠子。每个控制点都对应一张测试底稿,通过样本测试来证明它的执行有效性。我给您找个例子看看底稿长什么样子,您就明白了。"

"作为业余群众,我就不一项一项给您讲底稿内容了,反正您也不做。上面的底稿简单易懂,我讲里面几个稍微难一点儿的吧。第一个,关于样本量。您看到的 29 是上一个季度该企业与本控制点有关的样本量的总数,由于这个控制点是随机发生的,因此本轮测试可以选择 2 个。第二个,关于测试状态。有时做季度测试会发现,这个控制点的相关业务在这个季度还没发生过,那么这个控制点本轮轮空不测,状态就是'尚未开始测试'。

"测试执行完毕,还需要将测试过程中发现的执行缺陷予以汇总列示。那么大体工作就结束啦。"

小熊站起身来,伸了一个大大的懒腰,说道:"课讲到这儿,主体内容也就差不多啦。关于内控的课程,咱们差不多讲了两个星期,希望您能有所收获。"

PART 4　九转艰难下北城——如何完成一次完整的萨班斯合规项目

第一轮测试 测试底稿	A 股份有限公司

15.1–C01

控制描述： 使用部门指定专人根据采购申请单验收存货，核对供应商送来的物料名称、规格、数量、送货单及发票，清点无误后在供应商送货单上签字确认或开具收据（非统一格式的），供应商将收据提交库房，库房管理员根据收据、采购申请单/紧急采购申请单在 EAS 系统办理入库。

测试计划： 取得测试期间的验收单或收据样本进行检查：
1. 验收单或收据信息与采购申请单是否一致
2. 验收单或收据是否经验收人员进行签字确认

控制频率： 不定期

样本量：
全年
本轮 29

抽样方法： 任意

测试日期： 2016/10/15

测试人：
　　Firm: 熊氏咨询
　　Consultant: 小熊

访谈之流程负责人：
　　Name：王大力

测试点：
A. 验收单或收据信息与采购清单是否一致
B. 验收单或收据是否经验收人员进行签字确认

涉及测试文档：
　　验收单收据

牛角包一样的会计：风险管理和内部控制

测试证据：

编号	文档名称	文件索引号	日期/期间	测试点 A	测试点 B	是否存在例外情况（Y/N）
1	验收单——日光灯管	0006623	2016/7/17	√	√	N
2	收据——联想台式电脑		2016/8/7	√	√	N

其他说明事项：

状态：　　　　　测试未发现例外
测试结果：　　　测试通过

熊妈妈也长舒了一口气："也难为你啦，总让你给我这外行讲课，还要求深入浅出。熊总不容易，我得给你鼓鼓掌。"

PART 4　九转艰难下北城——如何完成一次完整的萨班斯合规项目

曲终人不散，江上数峰青

"与内控相关的知识体系我大致上算帮您搭建起来了。'行远必自迩，登高必自卑'，对内控的深刻理解还是得扎根于最基本的企业实践。我也做了十几年的内控，大大小小的企业也做了一百多家，很多时候我也在想，如何激发企业的主动意识，认识到内控并不只是简单的合规，而是深化的提升？如何让企业家更加自觉地建立内控体系且身体力行？这真的是个可以认真思考并且讨论很久的问题。我之前一直有这样的心愿，可以

牛角包一样的会计：风险管理和内部控制

深入到一家企业中去，多花时间和精力，系统地了解他们的运营与流程，结合自己的行业经验和专业想法，从真正意义上帮助企业通过流程的优化和关键控制的设计提升运营效率，优化运营结构，解决运营问题。"

"这个没问题，妈帮你实现这个心愿，咱们的内控就要靠熊总多劳心啦！"

"这个是我分内的事，也是应该的。我只是有点遗憾，做咨询的时候，没能找到这样的机会。现在回想当年做的那些企业，浮于表面、流于形式的太多。不过这也没办法，内控顾问也有很多身不由己、难以平衡取舍的时候，只能尽量做到无愧于心，对得起客户啦。"

"我有个问题很好奇，你做了这么多年内控，现在还一副意犹未尽的样子，这是为什么呢？"

小熊认真地想了想："因为从做项目的过程中我学习到了很多，'控制'是个很玄妙的词，是万事万物的基础，小到吃饭穿衣，大到治国平天下，都需要控制。《中庸》上说'喜怒哀乐之未发谓之中'，不是不能发，而是不发，这就是控制啊。学会了控制，才

PART 4　九转艰难下北城——如何完成一次完整的萨班斯合规项目

能学会平衡。这并非鸡零狗碎的小事,而是擒龙控虎的大道啊。"

说到这里,小熊眯起了眼睛,若有所思。此时阳光媚好,天空辽远。